EMI TANAKA

Kintsugi *für* Einsteiger

DAS PRAXISBUCH

Wie Sie Rückschläge und Verletzungen in Gold verwandeln und zu wahrer Charakterstärke und Resilienz schmieden

ISBN: 978-3-969304822

Email: info@edition-lunerion.de
www.edition-lunerion.de

Psiana eCom UG
Berumer Str. 44
26844 Jemgum

INHALT

Vorwort

„Verstecken Sie Ihre Narben nicht. Sie machen dich zu dem, der du bist.“
Frank Sinatra
US-amerikanischer Schauspieler, Sänger und Entertainer 1915 - 1998

Die Narben eines Menschen erzählen eine Geschichte und genau diese Geschichte ist wertvoll und spannend zugleich. Warum also, sollten wir unsere Narben verstecken und nicht sogar jede einzelne von ihnen zelebrieren? Fakt ist, dass die wenigsten Menschen stolz auf Ihre Erfahrungen sind und wenn es um Rückschläge geht, meist sowieso nicht. Niemand wird freiwillig erzählen, wenn er einen Fehler begangen hat und dadurch wieder bei null anfangen musste. Zu groß ist die Scham vor Unverständnis oder Verurteilung. Dabei machen Makel einen Menschen doch erst recht interessant. Gäbe es nur perfekte Menschen auf der Welt, wäre unser Leben nicht nur langweilig und eintönig. Vielmehr gäbe es keine Reibungspunkte oder Verbesserungspotenzial mehr und das würde im Umkehrschluss bedeuten, dass niemand dazu imstande wäre, wahres Glück zu empfinden. Alles wäre selbstverständlich und weniger besonders, sogar irgendwie trostlos. Doch glücklicherweise ist dies nicht die Realität und wir Menschen können unsere Fehler und Rückschläge als Chancengeber betrachten.

Kintsugi befasst sich mit der Schönheit des Unvollkommenen und ist nicht nur eine alte Töpfer-Handwerkskunst, sondern auch eine traditionsreiche Lebensphilosophie.

Sie werden sich nun verständlicherweise fragen, wie Töpfern und Lebensführung zusammenpassen können. Die Antwort finden Sie in diesem Buch. Darin wird Ihnen erklärt, wie Sie Ihre Lebensqualität verbessern und Sie Niederlagen für Ihr persönliches Wachstum nutzen können. So wie eine mit Kintsugi reparierte Keramikschale können auch Sie Ihre Narben mit Gold betonen und so zu einem Kunstwerk heranwachsen.

Viel Vergnügen beim Lesen. Nutzen auch Sie die Kraft des Kintsugi und streben Sie ein erfülltes und zufriedenes Leben an.

Kintsugi als Lebenseinstellung

Der Legende nach soll Kintsugi im 15. Jahrhundert entstanden sein. Damals soll dem japanischen Shogun Ashikaga Yoshimasa seine liebste Teeschale zu Bruch gegangen sein. Dieser entsandte die Scherben nach China, um die Teeschale reparieren zu lassen. Dort jedoch versuchte man mittels Klammern die Risse der Schale zu kaschieren, was dem Shogun überhaupt nicht recht war.

Durch den Einsatz der Klammern wurde die ursprüngliche Schönheit der Teeschale überdeckt. Der Shogun bestand darauf, die Teeschale erneut reparieren zu lassen und forderte die Makel der Schale nicht zu verdecken. Diesmal übergab er den Auftrag japanischen Kunsthandwerkern, welche die Kintsugi-Methode entwickelten. Seine Teeschale erstrahlte in alter Form und ihre Schönheit wurde zusätzlich durch die goldenen Adern des Lackes betont. Der Shogun war zufrieden und erfreute sich an seiner aufgewerteten Teeschale, die nun noch kunstvoller aussah. Kintsugi wurde daraufhin nicht nur in Bezug auf Gegenstände angewandt, sondern repräsentiert auch eine achtsame Lebenseinstellung.

Der Mensch hat die einzigartige Chance, sein Leben zu gestalten und ist so der Gestalter seiner Zukunft. So ist es auch seine Aufgabe zu bestimmen, wie er mit Rückschlägen und Fehlern verfahren will: Sind ihm Niederlagen peinlich oder nutzt er diese, um daraus zu lernen? Versucht er seine Makel zu verstecken oder kann er sie als Persönlichkeitsmerkmale akzeptieren? Die **Kintsugi-Philosophie** beschäftigt sich mit genau diesen Fragen und zeigt auf, wie man sein Leben genießen kann, auch wenn eben nicht alles perfekt läuft. Bevor wir jedoch diese japanische Lebensphilosophie genauer durchleuchten, widmen wir uns zunächst ihrem Ursprung.

In westlichen Kulturkreisen ist es normal, Geschirr oder Keramik zu entsorgen, sobald es beschädigt oder zerbrochen ist. In Japan gibt es dagegen eine jahrhundertealte Tradition, bei der man zerbrochene Keramik wieder zum Leben erweckt. Diese wunderbare Reparaturmethode nennt sich Kintsugi und bedeutet übersetzt „Goldverbindung". Hierbei werden die Risse und Narben der Keramik nicht verborgen, sondern vielmehr hervorgehoben. Dies geschieht mithilfe eines speziellen Lackes, welcher Urushi-Lack genannt wird. Dieser Lack wird mit Gold- oder Silberpigmenten versetzt und stellt so die entstandenen Risse besonders in Szene. Jeder Teller und jede Schüssel werden durch diese Technik zu einem Unikat. Es entsteht ein völlig neues Erscheinungsbild und betont die Schönheit jedes Makels, anstatt diesen wie üblich zu verstecken. Durch die Reparatur erhalten die einzelnen Stücke wieder Wertschätzung und werden sogar zu wertvollen Kunstobjekten. Was für uns vollkommen neu klingen mag, hat in Japan schon seit 10.000 Jahren Bestand. Man könnte sich sicherlich neues Geschirr kaufen, dies wäre der einfache Weg. In Japan wird jedoch die Meinung vertreten, dass jeder Gegenstand sorgfältig behandelt werden sollte und wenn möglich auch wiederverwendet wird. Diese Achtsamkeit gegenüber seinem Besitz ist in den westlichen Ländern leider abhandengekommen. Durch die Schnelllebigkeit und Möglichkeiten des Internets sind Produkte im Handumdrehen bestellt und geliefert. Es wird schlichtweg vergessen, dass man Dinge auch reparieren oder etwas völlig Neues daraus erschaffen kann. Nimmt man sich aber die Zeit einen Gegenstand zu reparieren, erhält man ein ganz anderes Bewusstsein und lernt den Gegenstand zu schätzen.

Kintsugi besitzt auch den Vorteil, dass man sich aktiv mit seinen Besitztümern auseinandersetzt. Dazu gehört auch, den Reparaturprozess zu zelebrieren. Jede einzelne Scherbe wird mit großer Sorgfalt zusammengesetzt und es wird darauf geachtet, dass dieser Vorgang mit Ruhe ausgeführt wird. Kleinere Stücke, die nicht mehr vorhanden sind, werden mit dem Urushi-Lack aufgefüllt. So entstehen die kunstvollen Linien, die den Ursprungszustand preisgeben.

DIE PHILOSOPHIE DER KUNST

So ärgerlich ein zerbrochener Teller auch sein mag, laut der japanischen Kintsugi Philosophie ist dieser Umstand nicht sein Ende. Die sichtbaren Narben zeigen seine Geschichte auf, sodass diese Bruchstellen seine Schönheit und Einzigartigkeit unterstreichen. Hinter Kintsugi steckt nicht nur eine aufwändige und besondere Handwerkskunst.

Die Philosophie dahinter wird **Wabi Sabi** genannt und bezeichnet die Perfektion der Unvollkommenheit. Jeder Makel und jeder Fehler werden als wertvoll angesehen. Sie gehören zum Leben dazu und schaffen die Normalität. Der Mensch braucht sich nicht hinter einer Fassade zu verstecken. Er darf seine Narben zeigen und stolz auf diese sein. Ebenso wie der zerbrochene Teller hat auch der Mensch eine Geschichte zu erzählen, die nicht perfekt sein muss.

Wabi Sabi wurde laut vielen Überlieferungen von einem Zen-Mönch namens Sen no Rikyū ins Leben gerufen und wird mit dem Zen-Buddhismus in Verbindung gebracht.

Die **Grundlehre des Zen-Buddhismus** besteht darin, das Hier und Jetzt zu erleben und sich vollkommen dem Augenblick hinzugeben. Der Mensch ist der Gestalter seines Lebens und verantwortlich für dessen Verlauf. Auch ist das Wertschätzen der Einfachheit und Natürlichkeit ein zentraler Punkt dieser Philosophie.

Wabi Sabi ist für die Grundlehren des Zen-Buddhismus ein passendes Konzept, um Frieden mit der Unvollkommenheit zu schließen und den Drang nach Perfektion abzulegen. Es geht hier auch um Akzeptanz gegenüber unkonventionellen Lebensvorstellungen oder Entscheidungen.

So steht Wabi Sabi in direktem Gegensatz zu Materialismus und Schönheitsidealen. Das Wort Wabi bedeutet übersetzt „Einsamkeit" oder „Armut", wird aber auch im Positiven mit bewusstem Verzicht und Mäßigkeit gleichgesetzt. Der Begriff Sabi wiederum bedeutet so viel wie „Patina" oder auch Vergänglichkeit. Hiermit wird aber auch wieder die Würde des Alters oder die Weisheit, die mit dem Alter einhergeht, assoziiert. Die Begriffe besitzen mehrere Bedeutungen, sind aber in Bezug auf das Wabi-Sabi-Konzept eher positiv konnotiert.

Zusammenfassend kann man sagen, dass Wabi Sabi jedes Merkmal würdigt, dass zu einem Gegenstand sowie Menschen gehört. Jeder Fleck, Riss oder jede Alterserscheinung wird angenommen und liebevoll als individuelle Eigenschaft betrachtet. Es ist viel mehr auch ein Verstehen und Entdecken der Schönheit, die sich auf unterschiedliche Arten zeigen kann.

WARUM WIR FEHLER ALS SCHLECHT ANSEHEN

Das Streben nach Perfektion hat sich bei vielen Menschen mittlerweile sehr stark im Kopf verankert. Bei genauerer Betrachtung ist diese Lebenseinstellung alles andere als erfüllend, denn auch die perfekte Umsetzung der eigenen Vorstellungen bringt nicht immer die erhoffte Zufriedenheit mit sich. Oft entwickelt sich der Perfektionismus auf Dauer zur Belastung und zehrt an den eigenen Kräften. Ob der Druck von der Außenwelt ausgeübt wird oder von einem selbst, spielt dabei kaum eine Rolle. Es ist Fakt, dass das Vermeiden von Fehlern zu einer Art Volkssport geworden ist. Schaut man sich in den sozialen Netzwerken um, findet man eine Vielzahl von Menschen vor, die eine Scheinwelt vortäuschen, nur um für andere Menschen interessant zu sein. Die Realität wird dabei meist vertuscht oder sogar völlig verändert. Schließlich möchte man dazu gehören und zeigen, wie perfekt das eigene Leben ist. Dass aber auch diese Menschen Fehler machen, morgens nicht aussehen wie Models, genervt von ihren eigenen Kindern sind oder schlichtweg auch einmal Krisen bewältigen müssen, bleibt dabei verborgen. Wären aber nicht gerade diese Einblicke und Erfahrungen authentischer?

Würden diese Geschichten nicht viel eher zum Nachdenken anregen oder sogar dem andauernden Perfektionismus den Kampf ansagen? Hat nicht deshalb eine Mutter, die ehrlich über ihren Alltag berichtet oder ein Manager, der seine Karrierefehler zugibt, mehr Aufmerksamkeit verdient als jemand, der sein Leben ständig makellos präsentiert?

Das Problem liegt dabei nicht an einzelnen Personen, sondern vielmehr an einer Art Gruppendynamik innerhalb der Gesellschaft. Fehler zu machen ist häufig verpönt, denn dieser Umstand wird heutzutage als Schwäche oder Eingeständnis der Inkompetenz angesehen. Die Angst nicht in gesellschaftliche Normen zu passen oder Menschen zu enttäuschen, stehen dabei unmittelbar im Vordergrund. Scham und Schuldgefühle spielen hier ebenfalls eine tragende Rolle. Besonders betroffen sind Menschen mit einem niedrigen Selbstbewusstsein und Selbstwertgefühl. Sie möchten ihren Mitmenschen imponieren und nehmen dafür utopische Anstrengungen in Kauf, nur damit sie in der Gesellschaft anerkannt werden. Das Fatale daran, sind die Folgeschäden, die daraus entstehen können. Menschen, die ihre Fehler nicht akzeptieren wollen und sich deshalb geißeln, machen sich das Leben unnötig schwer.

Dabei ist doch gerade der Mensch, der seine Fehler bemerkt und daraus lernen will, auf einem guten Weg sich selbst zu stärken. Die persönliche Weiterentwicklung kann nur durch Fehlentscheidungen voranschreiten. Betrachten wir beispielsweise kleine Kinder, können wir feststellen, dass sie nur durch Versuch und Irrtum in ihrer Entwicklung weiterkommen. Ohne diese Erfahrungen und Fehler würde das Kleinkind die Welt kaum verstehen und sich diese aneignen. Auch im weiteren Leben lernt es aus seinen Fehlern und kann sich so stetig verbessern. Es lernt, die beste Version von sich selbst zu werden. Das allein verdankt es seinen Fehlern.

So wie das Kleinkind wird auch ein Erwachsener stetig mit neuen Situationen konfrontiert. Welche Entscheidungen und Handlungen die richtigen sind, muss er selbst herausfinden. Im Grunde führt er ein persönliches Experiment durch und kann dann anhand seiner Ergebnisse, Rückschlüsse ziehen. Was gut funktioniert, wird beibehalten und was nicht funktioniert, bedarf einer Neustrukturierung.

Das ist die Idealvorstellung. In der realen Praxis gibt es zusätzliche Hindernisse, die den Umgang mit Fehlern erschweren. Faktoren wie negative Erfahrungen mit Mitmenschen, Kritik, Zweifel, Angst oder aber Traumata setzen den Menschen unbewusst unter Druck. Dahinter stecken Erlebnisse aus der Kindheit, schwierige Beziehungen zu Bezugspersonen, geringe Akzeptanz der Gesellschaft oder ein hoher Leistungsdruck innerhalb der Familie. Wird dann auch noch jeder Fehltritt unangemessen thematisiert oder gar bestraft, kann sich durch diese Erfahrungen ein starker Drang nach Anerkennung entwickeln. Perfektionismus mit zu hohen Maßstäben lässt dann nicht lange auf sich warten. Menschen, die allerdings in ihrem Handeln immer bestärkt wurden, besitzen eine höhere Resistenz gegenüber Niederlagen. Dies ist meist auf deren Umfeld zurückzuführen, welches Fehler als Chance ansieht und nicht als klägliches Scheitern.

Bestimmt haben Sie sich schon mehrmals dabei ertappt, wie Sie sich selbst aufgrund Ihrer Fehler verurteilt haben. Doch haben Sie sich auch gefragt, weshalb Sie so denken? Würden Sie Ihre Mitmenschen wegen eines Fehlers auch so in die Mangel nehmen, wie Sie es mit sich selbst tun? Gehen Sie nicht zu hart mit sich ins Gericht, denn Irren ist menschlich und sollte keineswegs ein Grund dafür sein, die eigenen Fähigkeiten infrage zu stellen. Wenn Ihnen nicht alles gelingen will oder Sie sich verzetteln, dann sollten Sie dankbar für diesen Hinweis sein. Fehler sind nicht negativ behaftet, sondern zeigen Ihnen auf, wo Sie mit neuen Entscheidungen ansetzen können. Sie bekommen die Möglichkeit eine Verbesserung herbeizuführen, weil Sie Situationen und Ereignisse überdenken müssen, um an Ihr Ziel zu gelangen. So lernen Sie auch Ihre Schwächen nicht als Hindernis wahrzunehmen, sondern für Ihre persönliche Weiterentwicklung zu nutzen. Sie finden heraus, an welchen Punkten Sie sich noch verbessern müssen und können dementsprechende Schritte einleiten.

Natürlich braucht es für diese Sichtweise etwas Übung und Zeit, da Ihre alten Denk- und Verhaltensmuster noch ersetzt werden müssen. Wenn Sie dann aber verstanden haben, dass Fehler nicht dramatisch sind, sondern Sie in die richtigen Bahnen lenken, werden Sie im Umgang mit eigenen Niederlagen entspannter. Starten Sie einfach einen neuen Versuch.

Auf einen Blick:

- Persönliche Erfahrungen, das Umfeld und subjektives Empfinden prägen den Umgang mit Fehlern.
- Jeder Fehler bringt Sie in Ihrer Entwicklung weiter.
- Perfektion anzustreben kann ebenfalls ein Fehler sein und belasten.
- Fehler sind nicht negativ zu bewerten, sondern eine Chance auf Verbesserung!

WOHER KOMMT DIE SUCHT NACH VERURTEILUNG?

Gedankenexperiment:
Stellen Sie sich vor, Sie sind gerade umgezogen, haben Ihre Wohnung renoviert und liebevoll eingerichtet. Alles steht an seinem Platz und Sie sind zufrieden mit Ihren Entscheidungen. Plötzlich erhalten Sie einen Anruf von Ihrer Mutter, die Sie gerne besuchen möchte. Sie freut sich schon sehr, Ihre neue Wohnung zu sehen und ist gespannt, wie Sie den Umzug gemeistert haben. Sie wissen, dass Ihre Mutter sehr penibel und ordentlich ist und werden daraufhin nervös. Nach dem Gespräch fallen Ihnen viele kleine Ecken auf, die noch Verschönerungspotential besitzen. Sie machen sich also wieder daran, Ihre Wohnung zu perfektionieren und ständig kommen neue Aufgaben dazu.

Schließlich möchten Sie Ihrer Mutter eine gemütliche und perfekte Wohnung vorzeigen. Immerhin haben Sie von ihr einiges über Sauberkeit und Ordnung gelernt. Und so verbringen Sie noch zwei weitere Stunden damit, alles auf Vordermann zu bringen, bis Sie schließlich erschöpft auf Ihr Sofa fallen. Für Freizeitbeschäftigungen wie Lesen oder Yoga bleiben nun keine Zeit mehr, da Ihre Mutter jeden Moment eintreffen kann. Als Sie dann endlich in der Tür steht, bekommen Sie von ihr ein kleines Lächeln geschenkt. Ihre Wohnung wird in den höchsten Tönen gelobt. Sie fühlen sich bestätigt, aber auch irgendwie angespannt, denn Sie waren nur damit beschäftigt Ordnung zu schaffen, anstatt sich nach dem ganzen Umzugsstress zu entspannen. Es war Ihnen wichtiger, einen guten Eindruck zu hinterlassen, sodass Sie Ihre eigenen Bedürfnisse hintenangestellt haben. Während dem Besuch, versuchen Sie alles, damit sich Ihre Mutter wohlfühlt und lassen deshalb noch ein paar störende Dinge in den Schubladen verschwinden. Ihre Mutter bemerkt, dass der Boden leicht fleckig ist und teilt Ihnen dies sofort mit. Sie hätten schließlich kurz durchwischen können.

Auch, dass die Wände nicht fehlerfrei gestrichen sind, entgeht ihr nicht. Überhaupt fällt ihr nach dem Rundgang durch Ihre Wohnung jedes noch so kleine fehlerhafte Detail auf. Bei der Einrichtung gefällt Ihrer Mutter nicht, wie Sie die Möbel platziert und die Deko arrangiert haben. Sie gibt Ihnen Verbesserungsvorschläge und möchte Ihnen ihren eigenen Geschmack näherbringen. Nachdem sich Ihre Mutter verabschiedet hat, fühlen Sie sich gestresster als vorher. Zusätzlich verspüren Sie den Drang, es beim nächsten Mal besser zu machen. Die Kommentare Ihrer Mutter lassen Sie auch am nächsten Tag nicht mehr los und Sie machen sich daran die Makel Ihrer Wohnung auszubessern.

Diese Situation zeigt auf, wie sehr Menschen sich manchmal nach Bestätigung sehnen und sich durch das Urteil anderer beeinflussen lassen. Schon vor dem Besuch Ihrer Mutter haben Sie viel Zeit geopfert, die Wohnung perfekt herzurichten. Dies ging sogar so weit, dass keine Zeit zur Entspannung blieb. Schlussendlich, haben die Aussagen Ihrer Mutter Sie dazu gebracht, noch mehr Zeit zu investieren, um ihren Standards gerecht zu werden. Doch eigentlich hatten nicht Sie ein Problem mit Ihrer Einrichtung, sondern Ihre Mutter. Trotzdem ist es Ihrer Mutter gelungen Sie nochmals zu mobilisieren, obwohl Sie schon genug Arbeit und Kraft diesbezüglich verschwendet haben. Sie wussten, dass die Ansprüche Ihrer Mutter hoch sind, und Sie haben alles versucht, diese Ansprüche zu erfüllen. Hier stellt sich die Frage, nach Ihren Beweggründen.

Haben Sie als Kind immer um Anerkennung kämpfen müssen oder haben Sie diese nie bekommen? Warum sonst, also würden Sie zusätzliche Anstrengungen unternehmen, nur um Ihre Mutter zufriedenzustellen? Wäre es nicht entspannter für Sie gewesen, wenn Sie sich nur auf Ihre eigenen Ansprüche konzentriert hätten? Sie hätten dann die Möglichkeit gehabt sich zu entspannen, ein Buch zu lesen oder Yoga zu praktizieren. Stellen Sie sich vor, Sie hätten die Kommentare Ihrer Mutter mit nur einem einzigen Satz entkräftet. „Es bleibt alles so wie es ist, weil es mir gefällt." So leicht wären Sie aus dem Verbesserungswahn herausgetreten und hätten die Einzigartigkeit Ihrer Wohnung betont. Leider ist es in der Praxis nicht immer leicht, jemanden in seine Schranken zu weisen, weil Sie natürlich niemanden zu nahetreten möchte.

Man muss dazu sagen, dass jeder Mensch schon einmal versucht hat einer anderen Person zu imponieren. Wenn die eigenen Eltern zu Besuch kommen, wird natürlich jeder Fehler ausgemerzt, um zu zeigen, wie selbstständig und unabhängig man geworden ist. Ein Lob von Freunden zu bekommen, gibt einem beispielsweise das Gefühl, dazuzugehören. Ebenso pusht positives Feedback im Job das eigene Ego enorm, weil die eigenen Anstrengungen gewürdigt werden. Es kommt dabei immer darauf an, welches Ausmaß die Reaktionen der Mitmenschen annehmen. Zu viel oder zu wenig Anerkennung kann sich negativ auf das nachfolgende Verhalten einer Person auswirken.

Je häufiger ein Mensch gelobt wird, desto schneller kann es passieren, dass er süchtig nach Bestätigung wird. Ein unbegründetes Lob, nur um damit jemanden eine Freude zu machen, setzt falsche Signale. Umgekehrt kann übermäßiges Desinteresse der Mitmenschen den gleichen Effekt herbeiführen. Dann wird regelrecht um jede noch so kleine Aufmerksamkeit gekämpft. Ein gesundes Mittelmaß an Lob und Anerkennung dagegen ist förderlich für die eigene Motivation.

Es stellt sich hier die Frage, weshalb wir Menschen überhaupt beurteilt werden wollen und wir andere Menschen auch gerne in Schubladen stecken. Die Antwort liegt dabei auf der Hand, denn wir Menschen sind soziale Wesen, die miteinander agieren und sich beliebte Eigenschaften von anderen Personen abschauen. Eigenschaften, die wir gut finden, aber selbst nicht besitzen, ahmen wir nach, damit wir die gleiche faszinierende Wirkung wie unser Gegenüber erzielen. Der Wunsch nach Zugehörigkeit steht hier an vorderster Stelle. Gewisse Rollenbilder zu verkörpern oder Vorbildern nachzueifern birgt jedoch immer das Risiko seine wahre Persönlichkeit zu vernachlässigen. Aus Angst, man könne nicht anerkannt werden, wenn man nicht der Norm entspricht, passen sich viele Menschen an und versuchen allen Standards gerecht zu werden. Dabei kommt es häufig vor, dass Menschen, die sich dem Raster entziehen, kritischen Äußerungen oder sogar Diskriminierung ausgesetzt sind. Und das alles nur, weil sie einen Weg gefunden haben, ihre eigene Persönlichkeit zu entfalten. Diese Menschen widersetzen sich der groben Masse und fallen besonders auf. Schon als Kinder werden wir Menschen bewertet und miteinander verglichen. Die Entwicklungsstände von Säuglingen werden akribisch mit anderen Kindern abgeglichen. Sobald sich eine Abweichung der Norm zeigt, werden Mütter heutzutage verunsichert und sollen sich über Fördermöglichkeiten Gedanken machen. Im Kindergartenalter geht die Bewertung weiter und in der Schule kommen dann noch Noten und Zeugnisse hinzu, die den Druck auf Kinder und Eltern erhöhen.

Nach der Schulzeit sorgen regelmäßige Beurteilungsgespräche im Job dafür, dass das Arbeitspensum gehalten wird. Zusätzlich muss sich jeder Arbeitnehmer mit seinen Schwächen und Stärken auseinandersetzen und bestenfalls seine Kompetenzen erweitern. Die Bandbreite an Erwartungen, die an uns gestellt werden, fordern wir im Gegenzug auch von unseren Mitmenschen ein. Wir kennen es gar nicht anders. Das bedeutet, wenn unser Chef von uns absolute Zuverlässigkeit erwartet, muss er diese ebenfalls abliefern oder sogar noch darüber hinaus gehen. Geschieht dies nicht, sind wir enttäuscht und beginnen damit, unser Gegenüber herabzustufen.

Die Ursache für diese Denkweise liegt an der Erwartungshaltung, die jeder Mensch gegenüber einem anderen besitzt. Diese Erwartungshaltung entwickelt sich mit den Jahren, je nachdem welche Erfahrungen man in seinem Leben machen durfte. Es wird uns regelrecht anerzogen, die eigene Persönlichkeit zu hinterfragen und sich mit anderen Personen zu messen. Alles ist darauf angelegt, den perfekten Weg anzustreben. Es fällt uns deshalb schwer, die eigenen Erfolge anzuerkennen und Rückschläge zu akzeptieren. Letztere vielleicht auch ruhen zu lassen und sich mit dem Istzustand abzufinden. Es lässt uns absolut keine Ruhe. Wir sind nur damit beschäftigt unser Leben zu optimieren, Vergleiche anzustellen und nach höheren Standards zu streben. Ständig werfen wir einen Blick in Nachbars Garten, wo der Rasen immer grüner zu sein scheint. Dieses Verhalten konnte jeder Mensch schon einmal bei sich beobachten. Neid oder Irritation zu verspüren ist normal und überhaupt nichts, wofür man sich schämen sollte. Wichtig ist hierbei der Umgang mit diesen Gefühlen. Muss man tatsächlich immer die angesagtesten Produkte besitzen, jedem Trend hinterherlaufen, sich gesellschaftlichen Normen beugen oder es jedem Menschen recht machen? Könnte es nicht spannend sein, eine neue Sichtweise einzunehmen und sich von allen Konventionen freizumachen?

Flammen auch bei Ihnen oft neidische Gedanken auf oder ertappen Sie sich dabei, wie Sie andere Menschen bewerten? Stellen Sie an sich selbst hohe Ansprüche und fordern dies auch von Ihren Mitmenschen? Halten Sie einen kurzen Moment inne und beantworten Sie hierzu folgende Fragen:

- Wieso ist mir Perfektion und Makellosigkeit wichtig?
- Was wäre das Schlimmste, was passieren könnte, wenn meine Erwartungen nicht erfüllt werden?
- Stehen meine persönlichen Erwartungen im Raum oder habe ich Sie von jemand anderem übernommen?
- Bin ich oder mein Gegenüber glücklich mit der Situation?
- Bin ich bereit, bestimmte Makel zu akzeptieren? Wenn nein, warum nicht?
- Wie fühle ich mich, wenn etwas oder jemand nicht in meine Vorstellungen hineinpasst?
- Was kann ich an meiner Erwartungshaltung ändern, damit ich entspannter werde? Wie kann ich mit meinen Mitmenschen umgehen?
- Darf ich über andere Menschen urteilen? Dürfen sich Menschen über mich eine Meinung bilden?
- Wie fühle ich mich, wenn ich oder meine Fähigkeiten bewertet werden?

Nachdem Sie die Fragen beantwortet haben, denken Sie darüber nach, was Sie gerne an Ihrer Sichtweise ändern möchten.Wo könnten sich Schwierigkeiten ergeben? Was könnte nach Ihrer Meinung eine Lösung für starken Perfektionismus sein? Schreiben Sie Ihre Erkenntnisse nieder und hängen Sie diese gut sichtbar auf. Diese Notizen helfen Ihnen dabei Ihre Situation in einem anderen Blickwinkel zu betrachten. Noch dazu lernen Sie zu verstehen, ob Sie selbst der Antreiber für Ihre Vorstellungen sind oder ob Sie sogar fremdgesteuert werden.

Das ist besonders wichtig zu erfahren. Wenn Sie sich selbst den Druck auferlegen perfekt zu sein, oder dies von anderen Menschen erwarten, müssen Sie Ihr grundlegendes Mindset ändern. Kommen die Impulse aber von Ihrer Außenwelt, sollten Sie sich überlegen, wie Sie sich vor Manipulation schützen können und Sie die Erwartungen anderer Menschen nicht an sich heranlassen. Befinden Sie sich in der letzten Situation, werden Sie nicht nur Ihre Denkweise ändern, sondern auch ihre Reaktionen und Entscheidungen neu strukturieren müssen.

Bei Kintsugi geht es nicht nur um die Akzeptanz von Makeln und Schwächen. Es geht auch darum die Stärke zu entwickeln, diese Makel offen zu zeigen. Denn das ist nicht immer einfach. Gerade dann nicht, wenn die Außenwelt andere Idealvorstellungen hat als man selbst. Sie müssen lernen, dass Sie sich nicht verändern brauchen, weil jemand Ihre Makel nicht anerkennen möchte. Das ist im Grunde nicht Ihr Problem, sondern das Problem Ihres Gegenübers. Wenn Sie mit sich im Reinen sind, müssen Ihre Mitmenschen selbst einen Weg finden Ihre Persönlichkeit zu akzeptieren. Das ist nicht Ihre Aufgabe und sollte es auch nicht werden. Sonst beginnen Sie womöglich noch damit Ihre Persönlichkeit an Ihre Außenwelt anzupassen. Ihre Individualität zu bewahren und den eigenen Weg zu gehen ist ihre Aufgabe und das können Sie mit der Kintsugi-Philosphie erreichen.

Der verschlungene Pfad des Lebens

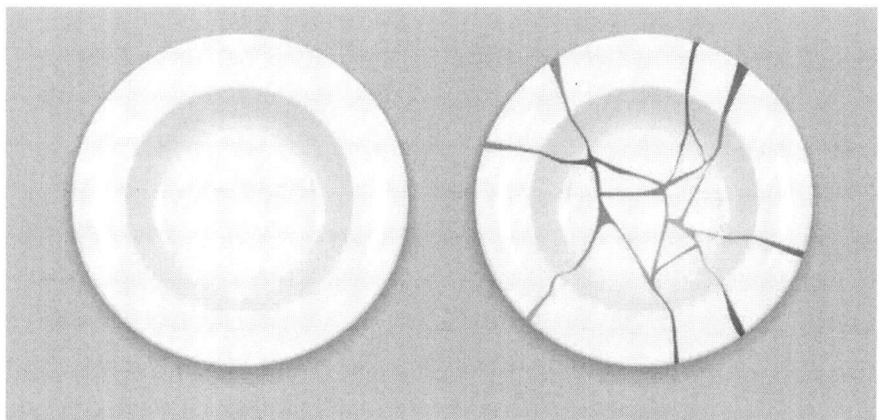

Ein glückliches und zufriedenes Leben ist das höchste Ziel, das Menschen anstreben. Glück bedeutet dabei für jeden etwas anderes und auch die Vorstellung vom perfekten Lebensentwurf ist nicht immer gleich. In der heutigen Zeit gibt es so viele Möglichkeiten das eigene Leben zu gestalten, dass es manchmal anstrengend und überfordernd sein kann. Schon früh muss sich jeder Mensch die Frage stellen, was er im Leben erreichen möchte. Mutter und Vater geben eine erste Orientierung anhand ihrer Berufe und ihrer sozialen Stellung. Weitere Vorbilder treten in allen Lebensabschnitten auf und inspirieren zu neuen Ideen und Ansichten. Sich zurechtzufinden und seine Zukunft zu planen, fällt vielen Menschen nicht nur aufgrund der Bandbreite an Möglichkeiten schwer. Zu beachten sind auch Schicksalsschläge oder verpasste Chancen, die eine komplette Wendung mit sich bringen können und das eigene Lebenskonstrukt dadurch ins Wanken gerät. Wenn dann noch die Erwartungen von anderen Mitmenschen dazu kommen, ist das Chaos perfekt. Es gibt sicherlich auch

Entscheidungen in Ihrem Leben, die Sie im Nachhinein bereut haben, weil Sie sich vielleicht von anderen Menschen haben beeinflussen lassen. Diese Erkenntnis, braucht oft sehr viel Zeit und Erfahrung. Wenn Sie aber Ihre Idealvorstellungen vom Leben herausgefunden haben, werden Sie sich nicht mehr von anderen Lebensmodellen leiten lassen. Es gibt für Sie unzählige Wege im Leben, die Sie einschlagen können. Sie müssen sich keineswegs anpassen und die Erwartungen anderer Menschen erfüllen. Das ist genau das, was viele Menschen falsch machen. Mit dieser Einstellung können Sie auf Dauer nicht glücklich werden. Vielmehr kann es passieren, dass Sie sich irgendwann selbst fremd werden und Sie tief im Inneren einen ganz anderen Lebensstil anstreben möchten.

Für Ihre Persönlichkeitsentwicklung sollten Sie sich zunächst mit Ihren eigenen Wünschen beschäftigen, so lernen Sie sich selbst besser kennen und lieben. Denken Sie immer daran, dass Sie Fehler machen dürfen und es überhaupt nicht schlimm ist, wenn Sie ein Ziel nicht erreichen können. Fehler zu akzeptieren, erlöst Sie von dem enormen Leistungsdruck, welcher leider oft in allen Lebensbereichen vorherrscht. Dies wird vor allem ein befreiender Prozess sein, der Sie Ihrer wahren Bestimmung näherbringt.

Sie sind der Gestalter Ihres Lebens und Sie dürfen sich selbst verzeihen, wenn Sie Ihre eigenen Erwartungen nicht erfüllen können.

Kreieren Sie für sich in Krisenzeiten einfach ein neues Lebensmodell, anstatt dem alten nachzutrauern. Sie werden schnell merken, dass diese Vorgehensweise Sie weiterbringen wird, als in der Vergangenheit zu leben.

Die Kunst dabei ist, stets zuversichtlich und optimistisch zu bleiben, denn schließlich hält das Leben noch viele spannende Überraschungen bereit. Es kann jederzeit zu unvorhersehbaren Ereignissen kommen, die die alten Strukturen durcheinanderbringen können.

Die Philosophie des Kintsugi kann Ihnen dabei helfen zu verstehen, dass Veränderungen nicht automatisch das Ende von Traditionen oder liebgewonnenen Gewohnheiten bedeutet. Wenn Sie sich näher mit Kintsugi befassen, behalten Sie die folgenden Grundsätze im Hinterkopf:

Grundsätze des Kintsugi

- Das Leben ist lebenswert und sollte auch durch eventuelle Rückschläge nicht infrage gestellt
- werden. Jedes Ereignis ist vorherbestimmt und sinnvoll.

Beispiel:

Eine Scheidung ist zwar schmerzhaft, kann Ihnen aber aufzeigen, dass die Beziehung nicht Ihren Vorstellungen entspricht und Sie sich wieder mehr um sich selbst kümmern sollten.

- Jedes einzelne Lebensmodell ist fragil und nicht von Dauer. Es kann zu jedem Zeitpunkt eine Veränderung stattfinden.

Beispiel:

Noch befinden Sie sich in einem gutbezahlten Job. Ihre Firma kann jedoch jederzeit insolvent werden und Sie Ihren Job verlieren.

- Jeder einzelne Moment sollte wertgeschätzt und ausgekostet werden.

Beispiel:

Sie haben tausend Dinge im Kopf, die Sie erledigen möchten, aber der Sonnenaufgang ist so wunderschön, dass Sie innehalten müssen.

- Geduld ist der Schlüssel zum Erfolg und zu einem zufriedenen Leben.

Beispiel:

Anstatt sich morgens zu hetzen, genießen Sie Ihren Kaffee auf der Terrasse und starten entspannt in einen erfolgreichen Tag.

- Schönheit und Ästhetik finden sich auch in unvollkommenen Dingen.

Beispiel:
Wie bei einer zerbrochenen Schale, die durch die Kintsugi-Technik verschönert wurde, machen Makel einen Menschen erst perfekt. Sommersprossen, verwuschelte Haare oder ein Muttermal sind großartige Merkmale, die nicht jeder hat.
- Die Wiederherstellung eines Zustandes gelingt nicht immer. Oft muss man lernen, loszulassen.

Beispiel:
Der Auszug aus der geliebten Wohnung kann nicht rückgängig gemacht werden. Sie können die neue Wohnung dafür noch gemütlicher und individueller einrichten, als es vorher möglich war.
- Aus etwas Altem kann etwas wunderbares Neues geschaffen werden. Scherben bedeuten nicht das Ende, sondern können ein ganz neues Bild erschaffen.

Beispiel:
Bei der Kintsugi-Technik werden manchmal verschiedene Scherben von mehreren Keramikstücken verbunden und erschaffen einen neuen Gegenstand, der mit dem alten nichts mehr zu tun hat.

VON SCHICKSALEN, SPÄTEN ANFÄNGEN & SCHEINBAR VERBAUTEN LEBENSWEGEN

Eine gute Lebensqualität ist das Fundament für ein glückliches Leben. Die Definition der Lebensqualität fällt jedoch für jeden Menschen anders aus. Nicht jeder Mensch hat eine klare Vorstellung davon, was gute Lebensqualität bedeutet. Die genauen Parameter für eine hohe Lebensqualität legt jeder Mensch für sich selbst fest. Ziel ist es, das eigene Wohlbefinden auf das Maximum zu bringen. Dazu kann die finanzielle Situation, die Gesundheit, das Sozialleben, Luxusgüter, Karriere, Spiritualität oder auch die Familienplanung gehören. Aber auch andere Kriterien können eine große

Rolle für die eigene Zufriedenheit spielen. Freiheit, Liebe, Selbstbestimmung, Freizeit und Entspannung sind ebenfalls wichtige Punkte für den Erhalt der Lebensqualität. Es gibt hier noch unzählige Möglichkeiten. Was davon besonders wichtig ist, entscheidet sich im Laufe des Lebens, wobei sich die Prioritäten einer Person immer wieder verändern können. Oft ist es doch so, dass eine bestimmte Erwartungshaltung der Gesellschaft dazu führt, dass der Mensch sich in gewisse Normen fügt. Eben um nicht aufzufallen oder sich rechtfertigen zu müssen, gestalten viele Menschen ihr Leben nicht so, wie sie es sich vorstellen.

Der perfekte Lebensentwurf ist nicht auf alle Menschen gleich anwendbar. Die Menschen sind viel zu verschieden und haben subjektive Ansichten, als dass sie alle den gleichen Lebensweg einschlagen könnten. Das ist vom Grundsatz her sowieso gar nicht möglich, weil jeder Mensch andere Erfahrungen und demnach anderes Wissen mit sich bringt. Viel hat der eingeschlagene Lebensweg auch mit den eigenen Talenten zu tun. Die einen sind handwerklich begabt, während die anderen eine Affinität zu Zahlen besitzen. Manche Menschen sprühen nur so vor Kreativität, während andere eher von pragmatischer Natur sind. Die Individualität und der Charakter eines Menschen sind daher ausschlaggebend für die Lebensplanung. So sollte es normalerweise sein. Betrachtet man die Realität, werden nicht immer die individuellen Wünsche verwirklicht, sondern vielmehr auf die Vorstellungen der Gesellschaft eingegangen. Es mag dann den Mitmenschen nicht normal vorkommen, wenn man sich erst mit 40 Jahren eine eigene Wohnung zu legt, im Rentenalter ein Studium beginnt oder unterschiedliche Jobs annimmt, weil der richtige noch nicht gefunden ist. Hat man mit Anfang 30 keinen festen Job, ist verheiratet, hat Kinder oder ein Haus vorzuweisen, muss man sich ständig rechtfertigen und Kommentare ertragen, die sogar bis unter die Gürtellinie gehen können.

Man könnte meinen, dass wir Menschen unkonventionelle Lebenspläne nicht akzeptieren wollen, weil diese Pläne Neuland für uns sind oder in uns sogar Existenzängste auslösen können. Versetzt man sich in die Lage eines anderen Menschen, können sich unbehagliche Gefühle einstellen, weil man selbst einen anderen Lebensplan besitzt und nicht dazu bereit wäre, diesbezüglich Risiken einzugehen. Vergleiche anzustellen ist menschlich, weil man schließlich herausfinden möchte, ob man auf dem richtigen Weg ist. Andere Menschen aufgrund ihrer Ziele und Wünsche zu verurteilen oder gar zu manipulieren ist allerdings nicht angebracht. Und dennoch wird es in der Gesellschaft immer Menschen geben, die nicht mit dem Lebensplan anderer Menschen zufrieden sind. Ob man die Meinung anderer Menschen, dann an sich heranlässt, sollte man genau überlegen.

Richtet sich der Mensch nämlich nicht nach seinen eigenen Wünschen und Zielen, wird er irgendwann unzufrieden. Entweder wird seine Motivation nachlassen oder er erkennt, dass ein anderer Herzenswunsch aufflammt. Er wird spüren, dass ihm etwas fehlt und dauernd nach der wahren Erfüllung suchen. Die Unzufriedenheit wird sich früher oder später zeigen, weil er seine eigenen Bedürfnisse aus den Augen verloren hat. Folglich trifft er falsche Entscheidungen und kann sich schlimmstenfalls nicht weiterentwickeln.

Wäre er zum Beispiel seinen Träumen nachgegangen, auch wenn das bedeuten würde, der breiten Masse hinterherzuhinken, hätte er seine Persönlichkeit frei entfalten können. Scheitert er dann bei einem persönlichen Ziel, erhält er eine lehrreiche Lektion und kann dann seine Entscheidungen anpassen. Gegebenenfalls kann er sogar einen anderen Weg suchen, um sein Ziel zu erreichen. Scheitert er jedoch bei etwas, was ihm nicht am Herzen liegt, sondern vielmehr sein Umfeld enttäuschen könnte, hat dies direkte Auswirkungen auf sein Wohlbefinden und sein Selbstbewusstsein.

Beispiel:
Thomas arbeitet seit Jahren im Familienbetrieb seiner Eltern und soll eines Tages der Geschäftsführer werden. Sein Vater wünscht sich sehr, dass Thomas das Unternehmen erfolgreich weiterführen wird und bereitet die Geschäftsübergabe mit seinem Sohn vor. Thomas Gedanken jedoch kreisen schon länger um die Gründung eines eigenen Start-Up-Unternehmens, welches sich mit nachhaltigen Verpackungen beschäftigt. Er interessiert und engagiert sich schon seit vielen Jahren in Bezug auf Nachhaltigkeit und hat eine wahre Leidenschaft dafür entwickelt, die Umwelt zu schützen. Sein Vater hat allerdings andere Pläne mit ihm und möchte, dass der Betrieb weiterhin im Familienbesitz bleibt.

Thomas befindet sich in einem Zwiespalt und weiß nicht, was er tun soll. Nimmt er den Posten seines Vaters an, bleibt der Betrieb erhalten und er macht seine Eltern stolz. Lehnt er das Angebot seines Vaters ab, kann er seinen Traum verwirklichen und seine Bestimmung finden. Mit seinen Eltern würde sich Thomas höchstwahrscheinlich zerstreiten, weil sie seine Vorstellungen und Absichten nicht teilen. Vielmehr würden Sie es als egoistisch ansehen, weil der Betrieb dann verkauft werden müsste und Thomas die jahrelangen Traditionen über Bord wirft. Was sollte Thomas also tun? Unglücklich einen Betrieb leiten, mit dem er sich nicht identifizieren kann oder sein eigenes Unternehmen gründen und seinem Herzenswunsch folgen?

Woher kommt die Angst, nicht in gesellschaftliche Normen zu passen? Ist nicht jeder Mensch für seinen Weg selbstverantwortlich und kann diesen auch selbst bestimmen? Eigentlich müsste es uns doch egal sein, was andere Menschen über unsere Lebensplanung denken. Nicht jeder Mensch muss studieren, ein Haus bauen oder eine Familie gründen. Warum also, lassen wir uns auf Vergleiche ein?

Schauen Sie sich doch mal im Bekanntenkreis um und überlegen Sie, wer von Ihren Mitmenschen ein scheinbar perfektes Leben zu führen scheint. Sie werden keinen Menschen finden, dessen Lebensplanung sich nicht durch Schicksale oder Rückschläge nachhaltig verändert hat. Das macht diese Menschen aber nicht weniger wertvoll. Gerade durch die individuellen Geschichten werden diese Menschen zu dem, wer sie sind. Dann hat Ihre Bekannte eben das verhasste Studium abgebrochen und stattdessen eine Ausbildung begonnen. Das macht sie in Ihren Augen aber nicht weniger liebenswert. Viel eher sollte der Mut dahinter honoriert werden. Schließlich hat sie sich getraut, einen Neuanfang zu wagen.

Oder nehmen wir zum Beispiel den Nachbarn, der ein scheinbar autarkes Leben führt und wenig arbeitet. Dafür aber immer sehr ausgeglichen und freundlich zu Ihnen ist und hilft, wo er nur kann. Warum sollte man ihn also wegen seines gewählten Lebensstils verurteilen? Hauptsache, er ist glücklich mit seiner Entscheidung. Oder nehmen wir Ihren Neffen, der von einer Karriere als Rockstar träumt, jede freie Minute mit seinen Kumpels im Tonstudio verbringt, anstatt für das Abitur zu lernen. Wieso sollte man ihn beim Vorantreiben seiner Karriere nicht unterstützen? Nur weil er nicht in das gesellschaftliche Schema passt, dass sich irgendwer einmal ausgedacht hat? Viele Menschen, die Ihren Träumen nachgegangen sind, mussten feststellen, dass der Weg, den Sie aus Liebe zu anderen Menschen eingeschlagen haben, falsch war.

Wenn Sie sich dazu berufen fühlen, Ihren Job hinzuschmeißen, weil Sie lieber nach Thailand auswandern möchten, sollten Sie auf niemand anderen hören als auf sich selbst.

Wenn Sie dort Ihrem Ziel nicht näherkommen und nach einem Jahr merken, dass Auswandern nicht so leicht ist, wie Sie gedacht haben, konnten Sie in jedem Fall Ihre Lehren daraus ziehen. Es gibt also keine falschen Entscheidungen, wenn Sie Ihrem Herzenswunsch nachgehen. Es gibt nur verpasste Chancen. Auch gibt es keine verbauten Lebenswege. Wenn Sie Ihren Weg gehen möchten und sich von etwas nicht abbringen lassen wollen, dann geschieht alles so wie es sein soll. Mit allen Höhen und Tiefen. Selbst, wenn Sie dadurch Verluste erleiden, ist der Weg, den Sie eingeschlagen haben, genau der richtige.

Sind Sie mit 40 Jahren immer noch nicht verheiratet oder haben Kinder zur Welt gebracht, weil es nicht in Ihrem Sinne ist, handeln Sie nach Ihrem Plan. Niemand anderes darf Ihnen hier hereinreden. Und Sie müssen sich auch kein schlechtes Gewissen einreden, weil Sie einen anderen Lebensstil pflegen wollen als der normale Bürger. Was ist denn heutzutage noch normal? Sie sind wertvoll, egal welche Entscheidungen Sie in Ihrem Leben getroffen haben. Jede Erfahrung hat Sie zu dem Menschen geformt, der Sie jetzt sind. Und so sind Sie genug.

VERSCHLÜSSELTE BOTSCHAFTEN DES LEBENS

Das Leben zu verstehen ist nicht immer einfach und Sie werden manchmal nicht auf Anhieb den Sinn hinter bestimmten Ereignissen erkennen. Das müssen Sie auch gar nicht. Alles kommt zu seiner Zeit. Im Leben gibt es immer Botschaften oder Zeichen, die Ihnen etwas mitteilen wollen. Ob Sie diese hören wollen, liegt dabei an Ihnen. Wenn Sie sich für diese Botschaften sensibilisieren, werden Ihnen Zusammenhänge und Gründe offenbart, die Sie vorher vielleicht ignoriert haben. Waren Sie zu sehr mit belanglosen Dingen beschäftigt, zeigen Ihnen manche Vorkommnisse die wirklich wichtigen Dinge im Leben auf. Sie erhalten eine völlig neue Sicht und agieren in der Zukunft achtsamer.

Beispiel:
Johanna arbeitet von früh bis spät. Ihren Partner Michael bekommt sie momentan nur zu Gesicht, wenn das Wochenende ansteht. Selbst dann fallen ihr Termine und Aufgaben ein, die sie für die Woche vorbereiten muss und das geplante Pärchen Wochenende fällt mal wieder aus. Sie verbringen kaum noch Zeit miteinander, weil Johannas Terminkalender es vor lauter Terminen nicht zulässt. Michael muss die kommende Woche zum Arzt, weil er sich schon länger mit Schmerzen herumschlägt und möchte abklären, ob es sich dabei um etwas Ernstes handeln könnte. Johanna belächelt ihn nur, weil sie denkt, dass Michael nur seiner verhassten Arbeitsstelle fernbleiben will. Schon immer war er sehr undiszipliniert und arbeitete nur nach dem Minimalprinzip.

Für Johanna wäre diese Arbeitsmoral undenkbar und so nimmt sie Michael nicht ernst. Sie schiebt es lieber auf seine chronische Unlust und widmet sich wieder ihrer Arbeit. Sie ist schließlich sehr beschäftigt und mag sich nicht mit den Wehwehchen ihres Partners herumschlagen. Am Nachmittag kommt Johanna nach Hause und sieht ihren Michael völlig fertig im Wohnzimmer sitzen. Er hat nach mehreren Tests eine schreckliche Diagnose erhalten. Michael ist unheilbar krank und die Schmerzen waren bereits ein Alarmsignal. Johanna fällt aus allen Wolken und begreift erst jetzt, wie wichtig ihr Partner für sie ist. Sie weint und weicht Michael nicht mehr von der Seite. All die Arbeit kann warten. Sie ist nicht mehr wichtig. Die Gesundheit ihres Partners liegt Johanna mehr am Herzen als irgendwelche Kundentermine. Sie nimmt sich daraufhin unbezahlten Urlaub und verbringt bewusst Zeit mit ihrem Michael, denn schließlich weiß sie nicht, wie lange er noch bei ihr sein kann. Sie hat erkannt, dass sie sich immer weiter von Michael entfernt hat, weil sie zu sehr mit Kleinigkeiten beschäftigt war. Nun tut es ihr Leid, dass sie seine Ängste und Schmerzen heruntergespielt hatte. Sie entschuldigt sich bei ihm und verspricht ihm von jetzt an immer für ihn da zu sein, egal welche Hürden noch vor ihnen liegen.

Schicksalsschläge wie eine schwere Krankheit oder der Tod eines Menschen lehren uns, dass unser irdisches Dasein begrenzt ist und wir uns weniger mit unbedeutenden Themen auseinandersetzen sollten. Zu schnell verfliegt die Zeit und kann nicht nachgeholt werden. Warum also regen wir uns über Kleinigkeiten auf? Sollten wir uns nicht vielmehr darüber freuen, was das Leben uns mit all seinen Facetten zu bieten hat, auch wenn es uns vor große Herausforderungen stellt? Niemand weiß, wie lange er auf der Welt verweilen darf und jeder Tag könnte demnach der letzte sein. Wollen wir uns dann tatsächlich mit Kummer und Sorgen von der Welt verabschieden? Wäre es nicht besser, wenn wir jeden Moment schätzen und genießen, sodass wir am Ende sagen können: „Das hat sich gelohnt!".

Das Leben in all seiner Gesamtheit wertzuschätzen, auch wenn es düstere Zeiten gibt, ist in der Kintsugi-Philosophie verankert.

Auch die schlechten Momente gehören zum Leben dazu. Sie sorgen dafür, dass das Leben spannend bleibt und können sogar eine positive Wendung der Ereignisse hervorrufen. Jede Lektion gibt uns die Möglichkeit, über uns hinauszuwachsen und unseren Charakter zu formen. Sehen Sie deshalb in schwierigen Momenten nicht nur die negativen Seiten. Vergleichen Sie Ihr Leben mit einem Phönix, der aus der Asche wiedergeboren wird. Eine Hürde kann Sie auf den Boden zwingen, aber gleichzeitig auch stärker machen. Sie wachsen mit jeder Herausforderung über sich selbst hinaus. Das Positive in vermeintlich negativen Situationen zu sehen, schenkt Ihnen Gelassenheit und Zuversicht.
Oft ist es auch so, dass wir Menschen uns unsere Probleme selbst heraufbeschwören. Wir befassen uns mit Kleinigkeiten, sorgen uns, obwohl es gar keinen Grund dazu gibt. Viele Probleme sind hausgemacht und überhaupt nicht existent. Sie befinden sich in unseren Gedanken und werden irgendwann real, weil wir deren Existenz zugelassen haben. Teilweise

sind wir selbst schuld, weil wir dem Problem erlauben zu wachsen. Es wäre ein leichtes das „Problem“ zu beseitigen, wenn wir über unseren eigenen Schatten springen und keinen Kampf mit dem eigenen Ego ausfechten würden.

So bleibt uns die ursprüngliche Botschaft des Lebens verwehrt. Wir verzetteln uns. Logischerweise schmälert diese Vorgehensweise unsere Lebensqualität und macht uns schwach für die wirklichen Probleme, die auf uns zukommen könnten. Nicht alles ist also ein Problem. Es ist oft die Einstellung und die Interpretation, die dahintersteckt, welche zu anhaltenden Schwierigkeiten führen.

Nehmen wir das folgende Beispiel:
Zwei Freundinnen, Anna und Lisa, möchten den Nachmittag im Café verbringen. Sie unterhalten sich über den neusten Klatsch und Tratsch. Dabei wird jede Person, die das Café betritt, gemustert und kommentiert. Es gibt negative und auch positive Kommentare über Frisuren, Kleidungsstile und Körperformen. Ein scheinbar normales Treffen zwischen Freundinnen. Nach einiger Zeit gesellt sich eine weitere Freundin, Eva hinzu und beteiligt sich an den Gesprächen. Sie ist fülliger als die anderen beiden und bestellt ein Stück Schokotorte. Ihre beiden Freundinnen bestellen nichts zu essen, weil sie sehr auf ihre Figur achten. Kurz darauf entfernt sich Eva auf die Toilette. Ihre beiden Freundinnen tuscheln daraufhin kichernd und stecken die Köpfe zusammen. Als Eva von der Toilette zurückkommt, tuscheln Anna und Lisa ein weiteres Mal und beenden das Gespräch abrupt, sobald Eva in Hörweite ist. Eva kommt dieses Verhalten komisch vor und beobachtet die beiden genau. Als sie Ihren Schokokuchen aufgegessen hat, wirft ihr Lisa einen nicht identifizierbaren Blick zu. Eva wird sauer und stellt die beiden zur Rede. Anna und Lisa verstehen nicht, wieso Eva so aufgebracht ist. Sie fühlen sich überrumpelt von dem Streit und es fallen unschöne Äußerungen über Evas Empfindlichkeit. Eva empfindet es als eine Frechheit, dass die beiden über ihre Figur lästern, wenn sie nicht im

Raum ist und verlässt wütend das Café. Evas Gedanken kreisen daraufhin nur noch um ihre Figur und sie erwägt sogar abzunehmen. Eine Woche herrscht Funkstille zwischen den drei Freundinnen, bis sich Eva dazu entschließt, den beiden noch eine Chance zu geben. Auf Telefonate hatte Eva bis jetzt nicht reagiert, nun möchte sie ein klärendes Gespräch mit den beiden führen.

Während dem Gespräch stellt sich heraus, dass es bei dem Getuschel nicht um Eva ging, sondern um die Schwangerschaft von Lisa. Sie wollte Eva bei dem Treffen damit überraschen und hatte sich schon so darauf gefreut, bei der Verkündung Evas freudiges Gesicht zu sehen. Das war alles, worüber sie mit Anna geredet hatte. Der Blick, den Lisa Eva zugeworfen hatte, bezog sich auch nicht darauf, dass Eva eine Kalorienbombe verdrückte. Lisa verspürte eher durch den Anblick des Kuchens Übelkeit, was ein Symptom der Schwangerschaft war. Deshalb verhielt sie sich so komisch. Eva hatte die Situation falsch gedeutet und zu ihrem Problem gemacht. Sie erkannte, dass es gar keine Lästereien gab und entschuldigte sich bei den beiden. Jetzt ärgerte sie sich umso mehr, dass sie so von der Schwangerschaft erfahren musste und es nicht im Café mit Ihren Freundinnen feiern konnte. Zusätzlich hatte sie eine Woche mit ihren Freundinnen verloren, weil sie die Situation falsch eingeschätzt hatte.

Das Beispiel zeigt sehr gut, wie sehr wir Menschen glauben, Situationen einschätzen zu können und wie wir uns selbst dabei im Weg stehen. Eva hatte die Signale ihrer Freundinnen falsch gedeutet und daraufhin ein Problem heraufbeschworen, das überhaupt nicht existierte. Es entstand ein Kontaktabbruch, der die Freude auf die Schwangerschaft der Freundin getrübt und gleichzeitig auch kostbare Zeit mit den Freundinnen verhindert hat. Eva erkannte dann, dass sie einen Fehler gemacht hatte und ärgerte sich über ihr Verhalten. Die ganze Situation wäre vermeidbar gewesen, wenn Eva dem Ganzen nicht so viel Bedeutung zugemessen hätte. Das Problem war sicherlich nicht das Getuschel Ihrer Freundinnen.

Evas persönliche Wahrnehmung war durch frühere Erfahrungen auf Verrat und Neid gepolt. Es mag sein, dass Eva in früheren Freundschaften eine ähnliche Situation erlebt hatte und sich deswegen auf die Fehlinterpretation einließ. Vielleicht war es auch Ihr mangelndes Selbstbewusstsein, dass für diese Reaktion gesorgt hat. Eva musste leider erkennen, dass sie mit ihrer Wahrnehmung falsch lag und hat dadurch wertvolle Momente verpasst. So etwas geschieht leider sehr häufig in unserem Leben, weil wir jeder Kleinigkeit eine zu große Bedeutung beimessen. Das hat zur Folge, dass wir den Blick für das Wesentliche verlieren. Wir hängen uns an Banalitäten auf, streiten uns wegen Dingen, die keinen Wert besitzen und wundern uns plötzlich, wo die Zeit geblieben ist. Bis wir irgendwann schmerzlich feststellen, dass wir kostbare Momente nicht ausgekostet haben und wir diese Momente nicht zurückbekommen. Es ist zu spät.

Deshalb ist es wichtig, wohlwollend zu sein und nicht in allem etwas Schlechtes zu sehen. Eine verwelkte Blume lässt nicht gleich den ganzen Sommer enden. Optimismus ist gefragt, wenn die Dinge mal nicht so laufen, wie Sie möchten. Jedes scheinbar negative Ereignis gibt Ihnen eine wichtige Lektion, aus der Sie lernen können. Anstatt alles schwarzzusehen, sollten Sie viel öfter den Sinn hinter der Situation erkennen. Verpassen Sie den Bus, mag es sein, dass Sie zu lange getrödelt haben und am nächsten Tag früher aufstehen sollten. Gelingt ein Projekt nicht, ist es noch nicht der richtige Zeitpunkt für Ihren Erfolg. Vielleicht müssen Sie sich noch das nötige Wissen aneignen, weil Sie zu vorschnell waren.

Merken Sie sich daher: Jedes Ereignis geschieht, weil es geschehen muss und es steckt immer eine wertvolle Lektion dahinter.

Eine kleine mentale Übung, um sich für die Botschaften des Lebens zu sensibilisieren:

1) Nehmen Sie sich etwas zu Schreiben und gehen Sie in Gedanken Ihre Vergangenheit durch. Notieren Sie sich zwei leichte Lektionen, die Ihnen das Leben bis jetzt erteilt hat. Welche Hinweise haben Sie erhalten?

Beispiel:

Ich habe mich überarbeitet und mein Gesundheitszustand verschlechterte sich.

2) Schreiben Sie dann wieder zwei schwere Lektionen auf, die Sie erst gelernt haben, als Sie die leichteren Lektionen ignoriert haben. Gab es auch hier bestimmte Hinweise, die Sie hätten bemerken müssen?

Beispiel:

Weil ich krank wurde, musste ich anschließend ins Krankenhaus. Hätte ich mich geschont, anstatt zu arbeiten, wäre dies nicht passiert.

3) Notieren Sie sich dann zwei Lektionen, die Sie im Laufe Ihres Lebens noch lernen möchten. Welche Hinweise könnte es hier geben und worauf müssen Sie beim Lernprozess achten?

Beispiel:

Für die Zukunft möchte ich lernen, mich von Ballast zu trennen, weil ich mich überladen fühle. Deshalb muss ich mir einen Plan erstellen, um nicht den Überblick zu verlieren.

4) Ganz zum Schluss schreiben Sie alle Lektionen Ihres Lebens auf, die Ihnen einfallen. Welche Lektion ist die schmerzhafteste und was haben Sie daraus gelernt? Wie gehen Sie in Zukunft mit diesem Thema um?

Beispiel:

Die schmerzhafteste Lektion war, dass ich nicht auf meinen Körper gehört habe und sich dadurch eine chronische Krankheit ausbilden konnte. Ich kümmere mich ab sofort besser um meine Gesundheit.

ALLES MACHT SINN

Den Sinn des Lebens zu finden ist eine individuelle Aufgabe und von Anbeginn der Menschheit ein hochkomplexes Thema.

Welchen Sinn man im Leben findet, hängt von der persönlichen Perspektive ab und kann von keinem Außenstehenden bestimmt werden.

Menschen in Afrika stehen anderen Herausforderungen gegenüber als Menschen in den USA es beispielsweise tun. Es entstehen andere Lebensfragen, weil die Umstände unterschiedlicher nicht sein könnten. Die Sinn-Fragen des Lebens richten sich nach vielen Faktoren. Es können beispielsweise Religion, Gesellschaftsstrukturen, Lebensumstände, persönliche Werte, Instinkte, Erfahrungen und viele weitere Kriterien für die Bildung des Lebenssinnes verantwortlich sein. Eine Person, die in einer Glaubensgemeinschaft lebt, wird eine andere Vorstellung vom Sinn des Lebens haben als eine Person, die vollkommen frei von sozialen Strukturen und Verpflichtungen aufwächst. Der reiche Milliardärs-Sohn wird sich den Sinn des Lebens anders vorstellen als eine alleinerziehende Mutter mit vier Kindern.

Menschen sind individuelle Geschöpfe und erleben unterschiedliche Laufbahnen, was das Verständnis vom Sinn des Lebens beeinflusst. Eines haben aber alle Menschen gemeinsam. Alles, was in deren Leben geschieht oder eben nicht geschieht, ist vom Universum bereits vorbestimmt.

Das heißt, wenn Sie nicht im Lotto gewinnen, ist das auch gut so. Wer weiß, welche Schwierigkeiten sich durch das Geld ergeben hätten? Vielleicht ist dies dann auch ein Hinweis darauf, dass mehr Geld nicht die Lösung für Ihre Probleme ist. Wenn der erste Versuch des Führerscheins nicht direkt erfolgreich war, wird es eben der zweite sein. Sie mussten noch dazulernen und waren anscheinend noch nicht bereit.

Alles, was um Sie herum geschieht, ergibt also Sinn. Selbst wenn Sie den Sinn dahinter nicht sofort erkennen, sollten Sie geduldig bleiben und abwarten. Irgendwann wird die Erkenntnis da sein und Sie werden sich denken: „Jetzt ergibt alles einen Sinn." Keine Erfahrung war umsonst oder sollte vermieden werden. Vergleichen Sie Ihr Leben mit der Handlung eines Films. Alles, was geschieht, sorgt dafür, dass Ihre Geschichte vervollständigt wird. Sie sollen jetzt genau an diesem Punkt stehen, wo Sie sich gerade befinden. Alle Höhen und Tiefen haben dazu beigetragen, Sie zu formen. Ihre Erfahrungen machen Ihre Persönlichkeit aus. Wenn Sie das erkannt haben, werden Sie inneren Frieden verspüren, der Sie in eine Art Beobachterposition bringt. Von dort aus werden Sie neugierig und dankbar in die Zukunft blicken können. Vielleicht freuen Sie sich auch auf das Unbekannte, welches Ihnen das Leben noch zu bieten hat und finden sogar Ihre Bestimmung.

Sicherlich wird es etwas dauern, bis sich Ihre Sichtweise dorthin entwickelt hat. Sie werden auch nicht morgen aufwachen und denken: „Jetzt weiß ich, was der Sinn in meinem Leben ist." Dieser Entwicklungsprozess braucht Zeit und muss teilweise über Jahre hinweg reifen. Was Sie aber schrittweise ändern können, sind Ihre Reaktionen.

Beginnen Sie damit, sich selbst zu hinterfragen und beleuchten Sie die Dinge, bevor Sie sich ein Urteil bilden. Ärgern Sie sich zum Beispiel nicht mehr, wenn Sie bei einer Aufgabe scheitern. Überlegen Sie stattdessen, wo das Problem liegt, und suchen Sie nach geeigneten Wegen. Sie werden sehen, es gibt immer eine Lösung, auch wenn Sie diese nicht auf Anhieb finden. Das Leben verläuft stets nach Plan. Die Frage ist nur, ob Sie den Plan verstanden haben. Denken Sie immer daran: Das Schicksal meint es gut mit Ihnen.

Eine kurze Übung zum Sinn des Lebens:

Nehmen Sie einen Stift und ein Blatt Papier zur Hand. Notieren Sie sich die Frage „Wer bin ich?“ ganz oben auf die Seite. Überlegen Sie nun genau, ob Sie darauf schon eine Antwort geben können. Hier ist nicht Ihr Name oder Ihre Herkunft gefragt, sondern es geht darum zu erklären, wer Sie wirklich sind. Damit Ihnen diese Aufgabe leichter fällt, habe ich für Sie einen kleinen Fragenkatalog erstellt, der Sie tiefer zu Ihrem inneren Ich bringen wird. Sie können auch noch mehr Punkte hinzufügen und das Blatt ähnlich wie bei einem Brainstorming füllen.

1) Welche Erlebnisse haben Sie besonders geprägt?

2) Was sind Ihre Stärken und Ihre Schwächen?

3) Welche Leidenschaft steckt in Ihnen?

4) Wie möchten Sie Ihr Leben in zehn Jahren gestalten?

5) Welche Menschen sind Ihnen wichtig und warum?

6) Was war der schönste Moment in Ihrem Leben?

7) Was wünschen Sie sich für die Zukunft?

8) Welchen Menschen würden Sie gerne einmal treffen?

9) Was ist Ihr Traum?

10) Was glauben Sie, ist Ihre Bestimmung auf Erden?

Nachdem Sie die Fragen beantwortet haben, werden Sie höchstwahrscheinlich achtsamer denken und unbedeutenden Themen weniger Beachtung schenken. Um dieses wertschätzende Bewusstsein regelmäßig zu aktivieren, genügt es schon, wenn Sie Ihre Antworten nach ein paar Tagen erneut durchlesen. Sie können auch einen festen Termin bestimmen, an dem Sie die Beantwortung der Fragen wiederholen. Setzen Sie sich einen Zeitraum von einem Jahr und vergleichen Sie Ihre vorherigen Antworten: Was hat sich verändert? Welche Ansichten teile ich immer noch? Sie werden erstaunt sein, wie sich Ihre Sichtweise nach einem Jahr verändern kann. Vielleicht bleiben Sie bei manchen Fragen auch Ihren Antworten treu. Es ist immer spannend zu sehen, wie man sich selbst innerhalb eines Jahres verändert und welche Ereignisse dazu beigetragen haben. Zusätzlich lernen Sie sich besser kennen, sodass Sie Ihren Lebensplan akzeptieren können.

Aufgaben, an denen wir wachsen

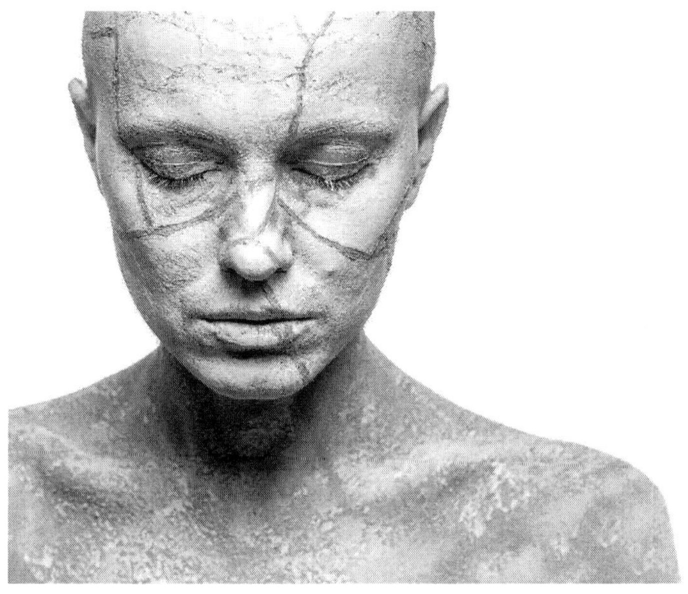

Manchmal stellt einen das Leben vor Herausforderungen, welche den gesamten Lebensplan durcheinanderwirbeln können. Die einstige Stabilität des Lebens kann urplötzlich durch ein unvorhersehbares Ereignis beschädigt werden. Die Auslöser für das Entstehen von Krisen können unterschiedlicher Natur sein. Schwere Schicksalsschläge, personeller oder materieller Verlust, Existenzbedrohung, gesundheitliche Einschränkungen sowie negative Einwirkungen von außen (Gewalt, Manipulation etc.) sind häufige Antreiber für Krisenzeiten. Zunächst erscheinen diese Ereignisse wie eine Naturgewalt, der es nichts entgegenzusetzen gibt. Die Emotionen kochen hoch und es stellen sich über einen längeren Zeitraum negative Gefühle ein, die das ursprüngliche Leben massiv beeinträchtigen können.

Beispielsituation:
Stefanie ist vor kurzem mit Ihrem Mann in ein neues Haus gezogen. Für das Haus mussten die beiden einen hohen Kredit aufnehmen, damit sie es kaufen konnten. Nach den Renovierungs- und Sanierungsarbeiten zogen die beiden freudig in ihre eigenen vier Wände. Alles schien perfekt. Bis Stefanie an einem Morgen auf dem Weg zur Arbeit vergaß den Wasserkocher auszustecken, weil sie es eilig hatte. Die Steckdose in der Küche musste eigentlich noch ersetzt werden, dies hatte ihr Mann leider noch nicht geschafft. Kurz darauf verursachte der Wasserkocher einen Kurzschluss und setzte die komplette Küche in Brand. Die Küche hatten sie ebenfalls neu gekauft und einen weiteren Kredit dafür verwendet.

Als Stefanie auf der Arbeit einen Anruf von ihrem Mann bekam, weil das Haus brannte, fuhr sie panisch nach Hause. Als die Löscharbeiten abgeschlossen waren, sahen sie das gesamte Ausmaß des Brandes. Die sündhaft teure Küche war ruiniert und die restlichen Räume waren aufgrund des Rußes ebenfalls beschädigt. Die Versicherung stellte sich quer, weil der Brand selbstverschuldet war und weigerte sich die Kosten zu übernehmen. Stefanie erlitt einen Nervenzusammenbruch, weil sie und ihr Mann nun auf einem Berg von Schulden saßen. Sie wussten nicht, wie sie die Kosten, die jetzt auf sie zukamen würden, stemmen sollten. Beide waren überfordert mit der Situation und ganz besonders Stefanie.

Sie geriet durch den Vorfall in einen Strudel aus Vorwürfen und depressiven Gedanken. Es war schwer für sie den Brand zu verkraften, weil in diesem Haus all ihre Hoffnungen steckten. Nun war es für längere Zeit unbewohnbar und sie mussten bei ihrer Familie Unterschlupf suchen, bis das Haus wieder instandgesetzt wurde. Ein ganzes Jahr lang kämpfte Stefanie mit depressiven Verstimmungen und konnte diese auch nach der Renovierung des Hauses nicht vollständig ablegen.

Eine Krise wird auch als Wendepunkt im Leben bezeichnet, weil sie Routinen durchbricht und für neue Impulse sorgt. Meist kommt es bei den betroffenen Personen zu einem Umdenkprozess, der die Schieflage des eigenen Lebens aufzeigt. Eine Krise kann durch unbewusste Reaktionen oder auch durch bewusste Entscheidungen hervorgerufen werden. Je nachdem, wie gefestigt eine Person ist, wird die Botschaft der Lebenskrise unterschiedlich verarbeitet. Es hängt also von der Resilienz ab, der Fähigkeit an Krisen zu wachsen, ob eine Person mit Rückschlägen umgehen kann. Menschen mit hoher Resilienz schöpfen nach einer Krise wieder neue Kraft. Sie verspüren Traurigkeit und können sich in einem Schockzustand befinden, beenden den Zustand der Trauer jedoch schnell wieder, um einen Neuanfang zu wagen. Ist die Resilienz nur gering ausgeprägt, können Betroffene ohne Hilfe nicht wieder in Ihren Alltag zurückfinden. Sie werden aus ihrem Lebenskonzept geworfen und stecken in der Hilflosigkeit fest. Daraus können sich psychische Probleme entwickeln, die bei erneuten Krisen die Situation der Person noch weiter verschärfen können. Deshalb ist es wichtig zu verstehen, dass die Aufgaben des Lebens, nicht negativ zu bewerten sind. Jeder Mensch kann seine Resilienz verbessern, wenn er an seiner Grundeinstellung arbeitet.

Die Kintsugi-Philosophie versucht daher aufzuzeigen, dass aus etwas vermeintlich Schlechtem immer etwas Gutes entstehen kann.

Wenn Sie beispielsweise Ihren Job verlieren, kann das ein Hinweis darauf sein, dass Sie vielleicht ein neues Berufsprojekt angehen sollten. Stehen Sie auf der Autobahn im Stau, nützt es Ihnen nichts, sich zu ärgern. Nutzen Sie die Zeit doch zur Entspannung. Sie haben jetzt Zeit für Ihre Lieblingsmusik. Ein heftiger Streit mit einer Bekannten, mag Ihnen zwar schlechte Laune verschaffen, kann Ihnen aber aufzeigen, dass diese Person vielleicht nicht wirklich in Ihr Leben passt. Zu unterschiedlich sind Ihre Ansichten, als dass

Sie miteinander harmonieren würden. Sie sehen also: Aus jeder noch so negativen Erfahrung lassen sich positive Strukturen erkennen. Sie benötigen nur die richtige Technik, um Ihre Sichtweise dorthin zu lenken.

"NICHTS IST SO SCHLECHT, DAMIT ES NICHT FÜR IRGENDETWAS GUT IST"

Krisen gehören zum Leben dazu. Auch, wenn Krisen manchmal unüberwindbar und kräftezehrend sein können, sind sie für die persönliche Weiterentwicklung notwendig.

Wäre alles im Leben leicht und unkompliziert, gäbe es keine Herausforderungen, die zu Höchstleistungen anspornen würden. Das Leben wäre auf Dauer langweilig und sinnlos. Jedes Ereignis sowie jede Erfahrung ist vorgesehen und zieht unweigerlich Reaktionen nach sich. Diese Reaktionen des Lebens ergeben immer einen tieferen Sinn. Allerdings erschließt sich dieser Sinn nicht sofort und so wird manches Ereignis als störend oder bedrohend wahrgenommen. Die subjektive Wahrnehmung spielt eine sehr große Rolle in Bezug auf den Umgang mit Stresssituationen. Die Wahrnehmung ist von Mensch zu Mensch unterschiedlich und so betrachtet auch jeder Mensch eine Situation aus einem anderen Blickwinkel. Hier kommt Kintsugi ins Spiel.

Verändert man seinen ursprünglichen Blickwinkel, indem man negative Gedanken in positive umwandelt, kann man lernen krisenbehafteten Situationen resilienter entgegenzutreten.

Zudem verschwendet man seine Kraft nicht und fokussiert sich auf die Lösung eines Problems. Leider lassen sich viele Menschen von negativen Situationen herunterziehen und steigern sich noch mehr in das Geschehen hinein. Jede gute Stimmung wird auf ein Minimum reduziert und der Fokus verbleibt auf belanglosen Dingen. Da ist es nicht verwunderlich, wenn Gedanken schnell in die Negativität abdriften oder man sich in einem Teufelskreis wiederfindet. Es gibt jedoch die Möglichkeit, diese Gedankenspiralen mittels psychologischer Tricks zu durchbrechen.

Beispielsituation:
Mike arbeitet in einem Marketingunternehmen und muss ständig die Aufgaben seines Chefs übernehmen, weil dieser zu wichtigen Terminen erscheinen muss. Mike ärgert sich darüber, weil er der Meinung ist, dass auch andere Kollegen diese Aufgaben übernehmen könnten. Immer ist er derjenige, der Mehrarbeit leisten darf, während seine Kollegen die einfachen Jobs übernehmen dürfen. Bestimmt kann ihn sein Chef nicht leiden und mutet Mike deshalb so viel Arbeit zu. Mike regt sich in jeder Mittagspause darüber auf, dass er nur noch gestresst ist. Seine Laune wandert immer weiter in den Keller. Er vereinbart daraufhin ein Gespräch mit seinem Chef und bittet ihn um eine Erklärung. Mikc denkt, dass sein Chef es auf ihn abgesehen hat. Sein Chef versichert ihm jedoch, dass Mike der einzige in der Firma sei, dem er diese Aufgaben überhaupt zutrauen würde. Bei allen anderen Mitarbeitern hätte er Bedenken und er sei stolz darauf einen so zuverlässigen und kompetenten Mitarbeiter gefunden zu haben. Er überlege sogar Mike zu seinem Assistenten zu machen. Überrascht stellt Mike nun fest, dass er mit seiner Annahme völlig falsch lag.

Die positive Umkehrung ist eine Methode, die auch Reframing genannt wird. Sie wird dazu eingesetzt, den Dingen einen neuen Rahmen zu geben und sich nicht auf negative Aspekte zu versteifen.

Reframing ist eine Methode des Neurolinguistischen Programmierens, kurz NLP genannt. Ziel ist es, dass negative Erfahrungen in einen positiven Rahmen gesetzt werden.

Dieser Rahmen ist oft von der persönlichen Tagesform abhängig. Meist gelingt es den Menschen nicht, an einem anstrengenden Tag optimistisch zu bleiben. An guten Tagen dagegen können sogar stressige Ereignisse für mehr Antrieb und Energie sorgen. Interpretationen, die durch Denkmuster und Erwartungen entstehen, formen sich beim Reframing zu einem neuen Gesamtbild, welches daraufhin positive Auswirkungen auf Handlungen und Gedanken haben kann.

Beispielsituation, die sich für das Reframing eignet:
Luisa ist Fotografin und möchte einen Städtetrip organisieren. Sie hat sich dafür eine neue Kamera gekauft und sich vorgenommen das neue Schmuckstück ausgiebig zu testen. Anfangs spielte das Wetter noch mit und sie konnte die wundervolle Architektur der Stadt fotografieren. Dann jedoch schlug das Wetter um und es regnete in Strömen. Im ersten Moment ärgerte Luisa sich, weil sie auf gutes Wetter gehofft hatte und ihr Fotoshooting buchstäblich ins Wasser fiel. Doch dann sah sie die Besonderheit der regnerischen Atmosphäre und beschloss daraufhin ihre Kamera entsprechend zu präparieren, damit sie trotzdem fotografieren konnte. Auch wenn sie im Regen stand und ihre Hose bis zu den Knien aufgeweicht war, freute sie sich über den Regen. Sie schaffte es malerische Fotos zu schießen, bei denen der Regen die Szenerie unwahrscheinlich gut zur Geltung brachte.
Luisa freute sich riesig über ihre gelungenen Fotos, die ohne den Regen nicht das gewisse Etwas bekommen hätten. Sie war dankbar für den nassen, aber dennoch erfolgreichen Tag.

Im Beispiel konnte Luisa die Reframing-Methode erfolgreich anwenden, indem sie den Regen nicht als störend empfunden, sondern vielmehr als positives Ereignis angesehen hat. Zwar überkam sie im ersten Moment ein negatives Gefühl, dass sie aber durch eine positive Sichtweise wieder relativieren konnte. Anschließend fiel ihr noch eine Lösung ein und sie konnte daraufhin mithilfe des Regens ein noch besseres Ergebnis erzielen, als sie ursprünglich erwartet hatte.

Wenden Sie die Reframing-Technik deshalb immer dann an, wenn Sie spüren, dass Sie von negativen Gefühlen überrollt werden oder sich eine unüberwindbare Hürde aufzeigt. Dazu gibt es folgende Reframing-Methoden, die Ihnen helfen können:

Die Vorbild-Methode

1) Notieren Sie das Hauptproblem, dass Ihnen zu schaffen macht und bleiben Sie dabei möglichst sachlich. Nutzen Sie keine subjektiven Umschreibungen oder formulieren nichtssagende Fragen.

Beispiel:

„Ich habe zu viele Aufträge angenommen, die ich nicht fertigstellen kann, weil ich kaum Zeit habe."

2) Denken Sie an eine Person, die Sie inspiriert oder mit der Sie sich identifizieren können. Dies kann eine berühmte Person, ein Familienmitglied oder auch eine fiktive Persönlichkeit sein.

3) Formulieren Sie eine Frage, die Ihnen bei der Lösung Ihres Problems behilflich sein kann. Die Frage sollte aus der Sicht Ihres Vorbildes geschrieben sein.

Beispiel:

„Wie würde meine Großmutter in dieser Situation verfahren?"

4) Notieren Sie mögliche Lösungsansätze, die Ihr Vorbild Ihnen aufzeigen würde: Welche Denkweise würde Ihr Vorbild an den Tag legen? Welche Vorgehensweise könnten Sie sich bei Ihrem Vorbild vorstellen? Welche Möglichkeit könnten Sie für sich übernehmen? Schon haben Sie dem Problem einen völlig neuen Rahmen geschaffen und können mit Ihren Erkenntnissen arbeiten.

Positives Umdeuten
Bei dieser Technik geht es im Grunde darum, eine neue Perspektive einzunehmen und nicht in alte Denkmuster zu verfallen. Sie begeben sich aus der subjektiven Sicht heraus und beleuchten das Problem aus unterschiedlichen Blickwinkeln.
Beispiel:
„Ich bekomme ab Januar weniger Gehalt und muss mich finanziell stark einschränken. Ich weiß nicht mehr weiter und weiß nicht, wie ich über die Runden kommen soll."
Sie könnten jetzt verzweifeln und sich mit der Situation abfinden. Das wäre der einfache und bequeme Weg. Wenn Sie das unangenehme Thema nun aber in eine positive Perspektive rücken, öffnen sich Ihnen neue Möglichkeiten. Das Problem erscheint nicht mehr so bedrohlich und Sie finden Lösungsmöglichkeiten.
Beispiel:
„Ich bekomme ab Januar weniger Gehalt. Ich bin in dem jetzigen Unternehmen sowieso nicht mehr glücklich und möchte mich weiterentwickeln. Ich sollte mich vielleicht nach einem Job umsehen, der besser bezahlt wird. Ich werde mich bei einem anderen Unternehmen bewerben, wo ich bessere Aufstiegsmöglichkeiten habe."

Zwar besteht das finanzielle Problem weiterhin, aber dadurch, dass Sie die Perspektive gewechselt haben, ist Ihnen sofort ein Lösungsvorschlag eingefallen. Die finanzielle Hürde verliert durch das positive Umdeuten Ihren Schrecken und Sie bemerken völlig neue Wege, die Sie in Ihrer beruflichen Entwicklung voranbringen können.

Mit Reframing können Sie also Ihre ursprüngliche Sichtweise revolutionieren und neue Ideen sammeln, die für Ihren Lebensweg sinnvoll sind. Die Reframing-Technik bedarf keiner großen Vorbereitung und kann jederzeit angewendet werden. Sie müssen lediglich die Bereitschaft mitbringen aus starren Denkmustern auszubrechen und offen sein für innovative Lösungen.

DIE WACHSTUMSAUFGABEN IM EIGENEN LEBEN ANERKENNEN

Geschehnisse im Leben anzuerkennen, auch wenn diese nicht immer erfreulich sind, ist für viele Menschen nicht leicht. Um Zufriedenheit und Glück zu erfahren, ist Akzeptanz allerdings ein wichtiger Schritt. Ohne Akzeptanz findet im Leben ein ständiger Kampf statt, den die Menschen tief im Inneren mit sich selbst ausfechten. Das Selbstbewusstsein leidet, dauernd nagen Selbstzweifel an einem, und das Gefühl nach ständiger Selbstoptimierung bleibt präsent. Werden gewisse Vorstellungen nicht erfüllt, fühlt sich der Mensch automatisch unfähig, obwohl manche Situationen gar nicht veränderbar sind. Sein Weltbild erleidet einen Knacks, weil er annimmt, dass er jedes Problem lösen muss. Sie kennen das bestimmt auch, Sie sind stetig damit beschäftigt, Ihr Leben in irgendeiner Form zu verbessern. Sie denken, Sie müssten alles unter Kontrolle haben und verlieren sich in einer Flut von Herausforderungen, die Sie auf Dauer überfordert. Das kann anstrengend und unbefriedigend sein, weil Sie Ihren eigenen Anforderungen nicht gerecht werden. Treten zusätzlich erhebliche Stresssituationen auf, kann der Alltag aus den Fugen geraten. Eine Krise entsteht und es wird schwierig für Sie diese im normalen Alltagsgeschehen zu bewältigen. Die beste Art, mit plötzlichen Krisen umzugehen, ist sich seiner Situation bewusst zu werden und diese anzunehmen, wie sie ist. Das machen viele Menschen falsch, denn sie versuchen gegen Krisen anzukämpfen und sehen diese nicht als Chance für ein Umdenken.

Wenn Sie sich erst einmal bewusstwerden, dass es Dinge im Leben gibt, auf die Sie absolut keinen Einfluss haben, wird eine große Last von Ihnen abfallen. Manchmal muss man sich auch eingestehen, dass man ohne Hilfe nicht weiterkommt oder eine Aufgabe nicht lösbar ist. Das ist in Ordnung und niemand wird Sie dafür verurteilen. Es ist nun einmal nicht möglich, sein ganzes Leben zu strukturieren, weil immer etwas Unvorhersehbares passieren kann. Akzeptieren Sie jeden Moment und versuchen Sie nicht für alles eine Lösung zu finden.

Folgende Fakten sollten Sie dabei immer im Hinterkopf behalten:

- Sie können den Tod eines geliebten Menschen nicht verhindern. Irgendwann wird der Tag für jeden von uns kommen und Sie müssen akzeptieren, dass der Tod zum Leben dazugehört. Es bringt nichts, sich deswegen den Kopf zu zerbrechen. Das Schicksal liegt nicht in Ihrer Hand. Alles ist vorherbestimmt.

- Es gibt niemals die volle Sicherheit. Egal wie gut Ihre Vorbereitung ist, es wird immer Risiken geben. Sie können Gefahren zwar reduzieren, aber niemals völlig ausschließen.

- Die Vergangenheit kann nicht rückgängig gemacht werden. Zerbrechen Sie sich nicht den Kopf über alles, was war. Fokussieren Sie sich lieber auf die Gegenwart, denn hier können Sie noch aktiv werden.

- Menschen sind nicht alle gleich. Akzeptieren Sie unterschiedliche Meinungen, Werte und Prinzipien, denn jeder Mensch hat andere Erfahrungen gemacht und muss nicht so sein, wie Sie es gerne hätten. Umgekehrt gilt das Gleiche. Sie sind einzigartig und werden nie wie andere Menschen sein. Versuchen Sie es erst gar nicht.

- Es gibt keine gerechte Welt. Abseits von Hollywood gewinnt nicht immer das Gute gegen das Böse. Auch guten Menschen kann etwas Schreckliches geschehen. Jeder Mensch durchlebt Momente, in denen er leidet. Manchmal kommt es eben nicht zu einer glücklichen Wendung.

- Sie werden immer verurteilt, ob Sie das wollen oder nicht. Es wird immer jemanden geben, der mit Ihren Ansichten nicht einverstanden ist. Die Hauptsache ist, Sie sind glücklich mit Ihren Entscheidungen. Nichts anderes zählt.

- Auch Profis geraten mal ins Straucheln, und machen Fehler. Niemand auf der Welt kann sich von Fehlern freisprechen.

- Ihr Leben ist so, wie es ist. Auch, wenn Sie nicht als Berühmtheit geboren wurden, ist Ihr Leben interessant. Bleiben Sie optimistisch und machen Sie das Beste daraus!

Damit Ihnen das Akzeptieren leichter fällt, können Sie die folgende Übung regelmäßig anwenden. Ihr Gehirn wird mit dieser Methode umprogrammiert, wenn Sie diese häufiger durchführen.

Akzeptanz- Übung

1) Überlegen Sie, welchen Herausforderungen Sie sich zurzeit stellen müssen. Schreiben Sie auf, wie Ihre Fortschritte bis dato sind: Gibt es Herausforderungen, die Sie nicht bewältigen können?

2) Schreiben Sie auf, welchen Aufgaben Sie sich nicht gewachsen fühlen: Welche Umstände können Sie akzeptieren? Ist es wichtig, jede Herausforderung zu meistern? Was würde passieren, wenn Sie scheitern? Welche Niederlage können Sie für ein entspannteres Ich in Kauf nehmen?

3) Zu guter Letzt zählen Sie mindestens drei Bereiche in Ihrem Leben auf, die Sie nicht ändern können. Akzeptieren Sie diese Bereiche und versuchen Sie damit abzuschließen. Sagen Sie sich, dass Sie nicht für alles verantwortlich sein können und müssen.

AUFGABEN IN STÄRKEN UMWANDELN

Zugegebenermaßen machen Menschen es sich immer besonders leicht. Läuft etwas im Leben nicht nach Plan, wird zunächst ein Verantwortlicher gesucht und daraufhin das Problem noch größer gestaltet als es ist. Die Motivation schwindet und der Fokus verschiebt sich in die falsche Richtung. Jede Niederlage wird verteufelt und die Aufgaben des Lebens als Last angesehen.

Beispielsituation:
Marianne und Kurt stritten sich mit ihrem Sohn Patrick über das schlechte Zeugnis, welches er nach dem Schuljahr mit nach Hause brachte. Seine Noten reichten für eine Versetzung nicht aus und so musste Patrick die zehnte Klasse des Gymnasiums wiederholen. Sein Vater war wütend und schimpfte wie ein Rohrspatz. Seine Mutter wiederum saß enttäuscht in der Küche und fragte sich, was sie bei ihrem Sohn falsch gemacht haben könnte. Patrick ärgerte sich ebenfalls über sich selbst, aber auch über das große Theater, das seine Eltern seinetwegen veranstalteten. Er hätte mehr lernen und sich zusammenreißen können. Das stand außer Frage und dennoch hätte ihm das nicht viel genützt. Seine Mitschüler waren für seine schlechten Noten verantwortlich, denn diese ärgerten und sabotierten ihn jeden Tag, wo es nur ging.

Er konnte sich deshalb schwer konzentrieren und hatte einfach keine Lust mehr auf die Schule gehabt. Daher kamen auch die hohen Fehlstunden. Seine Eltern drohten damit, ihm das Taschengeld zu kürzen, wenn er sich nicht auf den Hosenboden setzte. Als Patrick dann in eine neue Klasse kam, erübrigte sich das Problem und er fand schnell Anschluss. Seine Freunde halfen ihm dabei im Unterricht mitzukommen und er schrieb bessere Noten als je zuvor. Als er das Abschlusszeugnis mit Qualifikation in den Händen hielt, waren seine Eltern sehr stolz auf ihn. Das Wiederholen der Klasse war kein Weltuntergang und der ganze Aufruhr war demnach umsonst gewesen. Der Neustart tat Patrick gut und hat ihm die Möglichkeit gegeben sich zu verbessern. Das haben auch seine Eltern eingesehen. Außerdem konnte er sehr gute Freunde finden, die mit ihm nun zusammen das Abitur in Angriff nahmen.

Die Aufgaben, die einem das Leben stellt, können durchaus zu einer Verbesserung der eigenen Lebensumstände führen. Fatalerweise werden eher Erfolge zelebriert und Rückschläge oft verschwiegen. Niemand möchte schließlich mit seinen Fehlern hausieren gehen. Schwächen zuzulassen oder diese zu thematisieren, gilt allgemein als Schwäche. Wobei es eigentlich andersherum sein müsste. Wer Schwächen anerkennt und diese nutzt, um dazuzulernen, zeigt Stärke.

Wenn Sie beispielsweise erkennen müssen, dass Ihre Firma rote Zahlen schreibt, weil Sie sich verkalkuliert haben, können Sie entweder resignieren und den Geldverlust betrauern oder etwas dagegen unternehmen. Es kommt ganz darauf an, wie Sie gelernt haben, mit Rückschlägen umzugehen. Wurde Ihnen immer gesagt, dass Sie nur gute Leistungen erbringen müssen und niemals scheitern dürfen, werden Ihnen schwierige Lebensaufgaben irgendwann die Luft abschnüren. Für Sie fühlt sich ein Rückschlag wie ein endgültiger Abschied an. Die Folge ist, dass Sie den Mut verlieren und sich vor der Herausforderung verstecken. Dabei haben Sie jetzt die Chance, aus diesen Lebensaufgaben eine Stärke zu entwickeln. Wie Sie es schaffen von Ihren Schwächen und Rückschlägen zu profitieren, zeigt Ihnen die Kintsugi-Philosophie auf.

Der bewusste Umgang mit den eigenen Schwächen hilft Ihnen dabei, zu erkennen, dass Ihnen diese Makel in einem anderen Kontext weiterhelfen können. Sind Sie beispielsweise schüchtern und introvertiert, können Ihnen diese Eigenschaften in einem kommunikativen Job im Weg stehen. In einem Job, bei dem es um Ruhe und Sorgfalt geht, entfalten Sie dann vielleicht Ihr volles Potenzial. Vermeintliche Schwächen können demnach durch das Verändern externer Umstände sowie durch die subjektive Wahrnehmung in Stärken umgewandelt werden. Das gleiche Prinzip funktioniert auch mit Situationen, die besonders schwierig zu bewältigen sind. Versuchen Sie deshalb aus jeder Schwäche oder jedem negativen Ereignis Ihren Nutzen zu ziehen. Das bringt wieder eine gewisse Balance in Ihr Leben und Sie laufen nicht Gefahr, sich in etwas hineinzusteigern.

Kleine Übung, um aus Lebensaufgaben Kraft zu schöpfen:

1) Schreiben Sie eine Situation aus Ihrem Leben auf, die Sie vor eine große Herausforderung gestellt hat.

2) Überlegen Sie jetzt, welche Probleme damit einhergingen und was Sie an dieser Lebensaufgabe schwierig fanden.

3) Was sind Ihre Stärken und wie können Sie diese Stärken in Zukunft für wiederkehrende Probleme nutzen?

4) Zählen Sie drei mögliche Wege auf, wie Sie vergangene Herausforderungen zu Stärken hätten umwandeln können. Wie hätten Sie die Situation für sich nutzen können?

Warum wir jetzt gerade am richtigen Ort sind

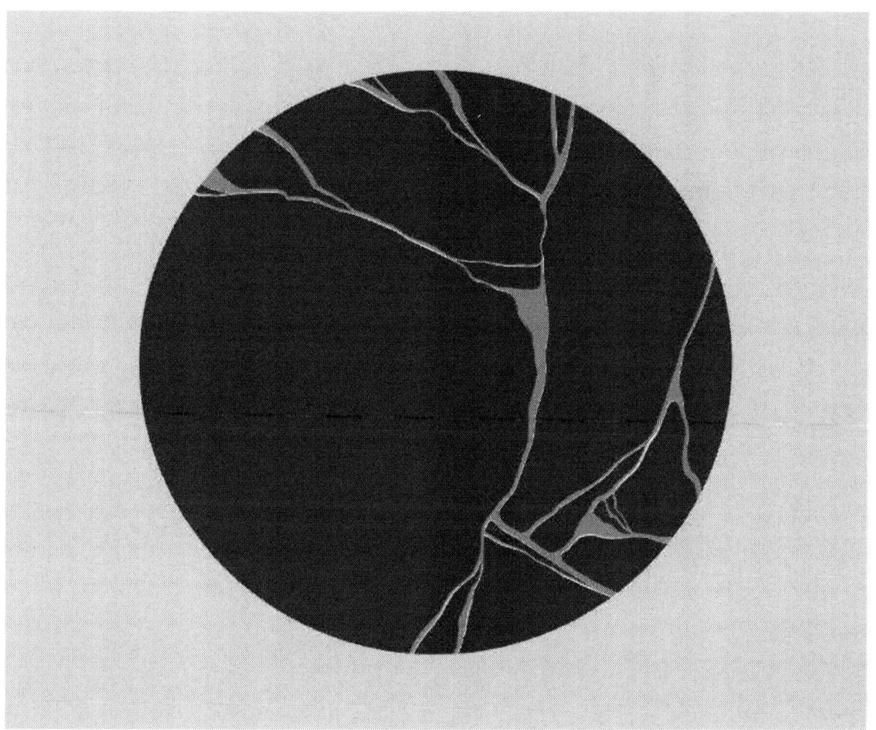

Immer besser, immer weiter! Das ist das Lebensmotto vieler Menschen. Bis zum Umfallen wird gearbeitet, konsumiert, dass die Wohnung mit unnützen Dingen vollgestellt ist und es wird immer darauf geachtet, möglichst viele Erwartungen fremder Menschen zu erfüllen. Um die innere Leere zu füllen oder um sich nicht mit den eigenen Gedanken herumzuschlagen, bietet Social-Media einen willkommenen Zufluchtsort.

Trotz aller Bemühungen will sich die Zufriedenheit nicht einstellen und so geht es weiter mit dem Optimierungswahnsinn, der nur dafür sorgt, dass sich die Menschen irgendwann überfordert fühlen. Überfordert von ihrem eigenen Leben. Und in den ruhigen Momenten fragen sich die Menschen, was sie eigentlich vom Leben erwarten.

Meist kommt es zu tiefgründigen Gedanken, wenn sich eine Veränderung der Lebensumstände zeigt oder ein plötzliches Ereignis für chaotische Zustände sorgt. Wir leben in einer Leistungsgesellschaft, bei der sich die Menschen über Statussymbole, Geld und Karriere definieren. Wer da nicht mithalten kann, gilt automatisch als Außenseiter. Es ist daher nicht verwunderlich, dass es so viele Menschen gibt, die sich fehl am Platz fühlen und sich nach einem erfüllten Leben sehnen.

Das Leben ist nicht immer einfach und kann einen ganz schön auf die Probe stellen. Die wenigsten wissen, dass sie für die Gestaltung der Gegenwart immer eine Wahl haben. Jedes Leben kann nach den eigenen Maßstäben gestaltet werden. Nichts muss aus Zwang geschehen und der Mensch ist sein eigener Herr. Leider wird heutzutage wenig Rücksicht auf die Meinungen anderer Leute genommen. Stetig wird über andere Menschen geurteilt oder versucht sie in bestimmte Raster zu drängen.

Hierdurch entsteht erst der Verlust der eigenen Individualität und man kommt kaum dazu sein Leben nach seinen eigenen Vorstellungen auszurichten. Entscheidet sich der Mensch dazu, aktiv zu werden und aus den starren gesellschaftlichen Strukturen auszubrechen, kann er seine Lebenssituation jederzeit verbessern. Selbst in Phasen, die aussichtslos und erdrückend erscheinen, kann durch Eigeninitiative ein besseres Leben geformt werden. Der Schlüssel dazu ist, das Leben wieder in all seiner Vielfalt lieben zu lernen und jeden Moment auszukosten. Man sollte sich keineswegs mit anderen Menschen vergleichen, denn so entfernt man sich nur von seiner eigenen Persönlichkeit. Wertschätzen, was man hat und die Gegenwart so annehmen, wie sie ist, diese Denkweise kann der Ausweg aus der Unzufriedenheit sein. Jedes Geschöpf hat seine Aufgabe und seinen Platz in der Welt.

Nur wir Menschen schlagen uns mit hausgemachten Problemen herum, obwohl wir es eigentlich besser wissen sollten. Ein Tier beispielsweise würde niemals darüber nachdenken, ob es sich gerade am richtigen Ort befindet oder ob sein Leben Sinn ergibt.

Es lebt im Einklang mit der Natur und lässt sich von seinen Instinkten leiten. Es vertraut vollkommen seiner Intuition, die es vor Gefahren warnt und dazu veranlasst, Entscheidungen zu treffen. Begeht das Tier einen Fehler, lernt es daraus und verändert beim nächsten Mal sein Verhalten. Ganz ohne sich den Kopf über die Vergangenheit zu zerbrechen. Diese Leichtigkeit ist dem Menschen abhandengekommen. Der Mensch muss wieder lernen auf seine Intuition zu vertrauen und darf sich nicht schlecht fühlen, wenn er mal eine Fehlentscheidung trifft.

Auch, wenn Sie sich manchmal ein anderes Leben wünschen oder verunsichert sind, weil bei Ihnen nicht immer alles funktionieren mag, sollten Sie nicht vergessen, was das Leben alles zu bieten hat.

Die Dinge, die geschehen, die Menschen, die Sie treffen, sind genau für Sie vorherbestimmt. Ihr Leben ist ein einziger Lernprozess, welcher noch bis ins hohe Alter für interessante Erkenntnisse sorgen wird.

Beispiel:
Sie sind gestresst, weil Sie sich nur noch um Ihre Arbeit, Ihre Kinder und um allen erdenklichen Kram kümmern müssen. Zu allem Übel haben Sie einen Berg an Schulden, weil Ihre Scheidung ein Vermögen kostet. Sie wünschen sich die unbeschwerte Zeit zurück und erkennen dabei nicht, dass das Ende Ihrer Beziehung auch ein Neuanfang für Ihr Leben sein kann. Ohne die Trennung wäre Ihnen nicht aufgefallen, dass Sie und Ihr Partner völlig andere Vorstellungen und Werte besitzen. Er möchte andere Dinge im Leben erreichen und Sie teilen seine Ansichten nicht. Auch Sie haben sich weiterentwickelt und nun ist es Zeit sich von der Vergangenheit zu lösen und neue Wege zu bestreiten. Das Gleiche gilt für Ihren Partner. Die Trennung wird Sie beide stärker machen und Ihnen zeigen, dass es jederzeit andere Optionen im Leben geben kann. Diese Optionen können auch positive Überraschungen bereithalten und sogar zu einer Verbesserung Ihres Lebens führen. Vielleicht harmonieren Sie als getrenntes Paar besser und dies wirkt sich auch positiv auf das Gemüt der Kinder aus.

Es ist schwer, nach einem harten Rückschlag wieder auf die Beine zu kommen, sowie sich nicht in Selbstmitleid zu verlieren. Wenn Sie aber im Hinterkopf behalten, dass jedes Ereignis eine Prüfung für Sie darstellt und Sie dabei nur gewinnen können, sei es an Erfolg oder Erfahrung, werden Sie Krisen fortan mit anderen Augen sehen. In jedem Lebensabschnitt wird es Aufgaben geben, die Ihnen das Leben stellt. Das macht das Leben so spannend. Man weiß nie, was als Nächstes passieren wird. Freud und Leid liegen nah beieinander und ohne das eine könnte das andere nicht existieren. Alles geschieht, um die Balance im Leben zu wahren. Ein Mensch stirbt und dafür wird ein neues Leben geboren. Eine Freundschaft zerbricht, aber dafür kann ein neues Freundschaftsband mit anderen Menschen geknüpft werden. Alles ist miteinander verbunden und kann durch eine positive Sichtweise verbessert werden.

ZWISCHEN TRAUER UND VERWIRRTHEIT

Sobald es zu einem oder mehreren schweren Schicksalsschlägen im Verlauf eines Lebens kommt, gerät das eigene Lebenskonstrukt ins Wanken. Schlimmstenfalls kann dieses Konstrukt komplett einstürzen und man steht vor den Scherben seiner Existenz. Ein Verlust, sei es der eines Menschen oder einer Sache, wirbelt Gewohnheiten und Alltagsgeschehen durcheinander. Manche Menschen finden schneller wieder ins Leben zurück, andere weniger bis kaum. Die Lebensfreude wiederzufinden, hängt von der Schwere der Krise und auch von der Resilienz der jeweiligen Person ab. Auch die Häufigkeit der Rückschläge, sowie deren Zeitabstand zueinander, ist ausschlaggebend für die Rückkehr in das alltägliche Leben. Treten zu viele Schicksalsschläge auf, kann sich die Lage einer Person verschlimmern und psychische Probleme entstehen lassen. Dann helfen vielleicht nur noch geeignete therapeutischen Maßnahmen, um wieder ins Leben zurückzufinden.

Beispiel:
Im Leben von Sandra scheint zurzeit alles schief zu gehen. Sie wurde vor einer Woche betriebsbedingt gekündigt, weil ihre Firma Insolvenz anmelden musste. Zu allem Übel haben sich viele Schulden angehäuft, die sie nun durch den fehlenden Job nicht mehr begleichen kann. Mit der Miete ist sie auch im Rückstand und das Auto muss dringend in die Werkstatt, weil mit der Kupplung irgendetwas nicht stimmt. Von Ihrem Partner lebt sie auch seit einem Monat getrennt und zu allem Übel liegt auch noch ihr geliebter Vater im Sterben. Zwischendurch muss sie sich noch um ihre Mutter kümmern, weil diese unter starken Depressionen leidet und ihren Haushalt nicht mehr allein bewältigen kann. Sandra weiß absolut nicht mehr, wie sie mit ihren Gefühlen zurechtkommen soll. Sie fühlt sich überfordert, gestresst und regelrecht erdrückt von den ganzen Ereignissen. Jeden Tag wird ihr die Luft noch weiter abgeschnürt und sie weint sich abends in den Schlaf. Diese unbändige Traurigkeit treibt sie an den Rand der Verzweiflung. Sie überlegt sich professionelle Hilfe zu holen, weil sie momentan keine Kraft mehr für ihr eigenes Leben besitzt.

Wenn es Ihnen ähnlich geht, wie im Beispiel und Ihr Leben aus den Fugen gerät, bleiben Sie nicht tatenlos. Scheuen Sie sich bitte nicht davor, professionelle Hilfe in Anspruch zu nehmen, wenn Sie sich hilflos fühlen und Sie sich nach einer Krise nicht erholen können. Nicht immer kann sich der Mensch selbst heilen, sondern braucht eine helfende Hand, die ihm neue Wege aufzeigt. Wieder in das alte Leben zurückzufinden und schmerzhafte Erfahrungen zu verarbeiten, benötigt Zeit und Geduld. Mit geeigneten Selbsthilfe-Techniken können Sie den Heilungsprozess durchaus beschleunigen.

Mut finden und Kraft sammeln

Fühlen sich während einer Krise schwach und ausgelaugt, lässt natürlich die Motivation für Veränderungen nach beziehungsweise will diese gar nicht erst aufkommen. Das ist verständlich und kein Grund, den Kopf hängenzulassen. Oft können auch bestimmte Ängste entstehen, die Sie davon abhalten, voranzukommen. Viele Menschen befinden sich vielleicht jetzt gerade in einer ähnlichen Situation wie Sie und wissen ebenfalls nicht, wie sie wieder auf die Beine kommen sollen. Der Grund für Ihre Stagnation kann dabei vielfältige Gründe haben. Vielleicht fehlt es Ihnen momentan an Lebensfreude oder Sie haben den Glauben an sich selbst verloren. In besonders herausfordernden Situationen kann es schnell zu Identitäts- und Sinnkrisen kommen. Da ist es wichtig, dass Sie sich gut um sich selbst kümmern und sich mit Ihren schmerzlichen Gedanken auseinandersetzen. Sie sollten den Fokus jetzt auf die Gewinnung neuer Energie und die Stärkung Ihrer Seele legen, damit Sie aus dem tranceartigen Zustand heraustreten können. Schicksalsschläge sind nämlich Schockmomente, die sich auf Ihr gesamtes körperliches System auswirken können. Erst wenn Sie aus diesem Schockzustand herausfinden, können Sie wieder neue Kraft schöpfen, um sich dann Ihren Alltagsaufgaben zu stellen. Gönnen Sie sich ruhig eine Pause, wenn nötig und kümmern Sie sich lieber um Ihre psychische Gesundheit. Blenden Sie Nichtigkeiten einfach aus, Sie werden Ihre Kraft jetzt anderweitig nutzen müssen. Nicht nur der Körper, sondern auch Ihre Gefühlswelt benötigt nach schwierigen Zeiten eine Erholungsphase. Sind Sie vollends gestärkt, besitzen Sie auch wieder die nötige Resistenz, um Alltagsproblemen gelassen entgegenzutreten.

Erste-Hilfe Tipps, um nach Krisen neuen Mut zu finden und Kraft zu schöpfen:

- Bewegung kurbelt nicht nur Ihren Stoffwechsel an, sondern sorgt auch dafür, dass Sie Ihren Frust herauslassen können. Draußen an der frischen Luft spazieren gehen, joggen oder Fahrrad fahren kann Sie auf andere Gedanken bringen. Noch dazu hebt sich Ihre Laune automatisch, wenn Sie sich bewegen.
- Verbringen Sie Zeit in der Natur und beobachten Sie, was um Sie herum geschieht. Genießen Sie die Sonnenstrahlen auf Ihrer Haut und tanken Sie nicht nur Sonne, sondern auch neue Lebenskraft. Einfach auf einer Bank die Vögel beobachten und die Stille genießen, kann wohltuend und entspannend sein.
- Nehmen Sie sich bewusst Zeit zum Entspannen. Gerade nach schwierigen Phasen sind Wohlfühlmomente notwendig, damit Sie wieder zu sich selbst finden können. Tun Sie Ihrem Körper etwas Gutes, indem Sie ein Bad nehmen, Ihr Lieblingsgericht zaubern oder ein gutes Buch lesen.
- Achten Sie vermehrt auf Ihre Gesundheit. Ernähren Sie sich gesund und schaffen Sie, wann immer Sie es brauchen, Erholungsphasen.

- Pflegen Sie Ihre sozialen Kontakte, auch wenn Sie sich nicht danach fühlen. Wählen Sie eine Bezugsperson aus, mit der Sie sich über alles austauschen können, was Sie gerade bedrückt. Wenn Sie sich Ihre Gedanken von der Seele reden, fühlen Sie sich befreiter und müssen Ihre Sorgen nicht allein mit sich herumtragen. Manchmal kann sich auch ein wertvoller Ratschlag von Außenstehenden als sehr nützlich erweisen.

- Beschäftigen Sie sich mit Dingen, die Ihnen Freude bereiten. Gehen Sie Ihren Hobbys nach und verlieren Sie sich ganz in Ihrer eigenen Welt. Das tut gut und lässt Sie kurzzeitig aus der grauen Realität entfliehen.

- Trennen Sie sich von alten Gegenständen, wenn Ihnen der Sinn danach steht. Möchten Sie alte Erinnerungen nicht mehr in Ihrer Nähe haben, dann lösen Sie sich vom Ballast. Misten Sie aus und entrümpeln Sie Ihr Leben. Danach wird sich Ihr Leben geordneter anfühlen und zusätzlich lernen Sie, mit der Vergangenheit abzuschließen. Außerdem ist Ausmisten eine willkommene Ablenkung von negativen Gedanken. Der Kopf wird leichter und der Mensch zufriedener.

- Führen Sie Rituale ein, die Ihnen helfen, mit Trauer und Wut umzugehen. Zum Beispiel können Sie eine Kerze für einen verstorbenen Menschen anzünden oder das Foto Ihres Ex-Partners verbrennen, wenn es Ihnen hilft. Jeder geht mit Schicksalsschlägen anders um und braucht andere Wege, um den seelischen Schmerz zu verarbeiten.

- Suchen Sie sich professionelle Hilfe. Damit ist keine jahrelange Therapie gemeint. Es gibt auch Selbsthilfegruppen oder Seelsorger, die sich Ihrer Probleme annehmen können. Im Gespräch mit anderen Betroffenen können Sie neuen Mut finden und eventuell neue Sichtweisen erlernen, die Ihnen weiterhelfen.

WIE WIR WACHSEN KÖNNEN

Die Lösung für das Problem der Unzufriedenheit liegt in jedem Menschen selbst. Nicht die Mitmenschen oder die Gesellschaft sind dafür verantwortlich, dass wir in schwierigen Zeiten zurechtkommen. Jede einzelne Person trägt die Verantwortung für die Gestaltung ihres Lebens. So schwer es auch sein mag, aber manchmal muss man einfach erkennen, dass man nicht auf der Sonnenseite des Lebens unterwegs war und sich selbst große Steine in den Weg gelegt hat. Natürlich, und das steht außer Frage, gibt es Ereignisse im Leben, die einen absolut aus dem Konzept bringen können, sodass der Alltag kaum zu bewältigen ist. Diese größeren Rückschläge, wie der Tod eines Menschen oder ein Trauma durch eine Gewalterfahrung, kann sicherlich nicht durch Optimismus oder eine andere Sichtweise wieder in Ordnung gebracht werden. Bei schwerwiegenden Erfahrungen sollte in jedem Fall auf professionelle Hilfe gesetzt werden. Denn traumatische Erfahrungen müssen aufgearbeitet werden und es bedarf hier einer umfassenden Betreuung durch einen Fachmann. Ein Selbsthilfe-Programm kann dabei unterstützend wirken, jedoch nicht das Grundproblem lösen.

Beispiel:
Seit Monaten quälte sich Andreas mit depressiven Phasen herum. Er hatte schon zahlreiche Lebensratgeber gelesen und versuchte, die dort aufgeführten Tipps zur Selbsthilfe zu befolgen. Allerdings konnten ihm die Ratschläge nicht weiterhelfen. Viel mehr haben sich seine Probleme dadurch noch verschlimmert, weil er sich als Versager ansah und seine Sorgen in Alkohol ertränkte. Noch nicht mal sich selbst konnte er aus einer Krise befreien. Und dabei reichte es doch, dass er vor den Trümmern seiner Existenz stand. Sein Unternehmen musste er leider auflösen, da der Erfolg und somit auch der Gewinn ausblieben. Nun lebte er von Grundsicherung und musste täglich mit seinen psychischen Problemen kämpfen. Dabei halfen ihm die Bücher jedoch nicht. Er entschied sich lieber nach einem Therapieplatz zu suchen und wurde auch schnell fündig. Nach monatelanger Therapie erkannte er, dass es in seinem Inneren noch stärkere Probleme gab, die aus seiner Kindheit herrührten. Diese Probleme arbeitete er nun mit seinem Therapeuten durch und schöpfte mit der Therapie Kraft für einen Neuanfang.

Bei kleineren Problemen genügt es durchaus, die eigene Einstellung zum Leben zu hinterfragen. Zu überlegen, an welchen Punkten man ansetzen und wie man das eigene Leben zum Positiven verändern kann. Zusätzlich sollte man versuchen, die eigene Resilienz zu verbessern, um in Zukunft besser auf schwierige Situationen reagieren zu können.

Das eigene Lebenskonstrukt überdenken

Wenn Sie an Ihren persönlichen Lebensplan denken, fallen Ihnen sicherlich ein paar Punkte ein, die Sie hätten; anders machen können. Mehr auf sich selbst hören, sich nicht von anderen Menschen beeinflussen lassen oder sich weniger an Normen anpassen, sind zum Beispiel Punkte, die Ihnen am Herzen liegen könnten. Vielleicht möchten Sie sich auch von belastenden Dingen oder Menschen trennen, weil Sie Ihnen nicht guttun. Es passiert heutzutage schnell, dass man sich in ein Leben hineindrängen lässt, was man eigentlich gar nicht führen möchte. Irgendwann erkennt man dann, dass etwas nicht stimmt und man sein Leben neu ausrichten möchte.

Beispiel:

Seit Stefan denken konnte, hatte er sich Ratschläge von seinem Vater eingeholt. Nun stand die Frage im Raum, ob er ein Studium oder eine Ausbildung beginnen sollte. Stefan war schon immer fasziniert von Kunst und liebte es, seine Kreativität auszuleben. Deshalb kam ihm ein Kunststudium reizvoll vor. Er könnte seine Leidenschaft noch weiter ausbauen und mehr über Kunst dazulernen. Sein Vater jedoch versuchte Stefan davon zu überzeugen, dass er möglichst schnell Geld verdienen solle, weil es in der heutigen Zeit wichtig sei, finanziell abgesichert zu sein. Er schlug seinem Sohn deshalb eine Ausbildung in einem nahegelegenen Chemieunternehmen vor. Das Unternehmen zahlte gut und kümmerte sich sehr gut um Auszubildende. Die Aufstiegschancen waren auch nicht von der Hand zu weisen. Nach langer Überzeugungsarbeit seines Vaters entschied sich Stefan dennoch dazu, die Ausbildung zu beginnen. Er wollte seinen Vater stolz machen und schaffte es sogar nach vielen Jahren eine gutbezahlte Führungsposition zu erreichen. Der Gedanke an das Kunststudium blieb dennoch immer präsent, auch wenn Stefan für Kunst kaum noch Zeit fand. Sein Job verlangte ihm alles ab und er spürte, dass ihm im Leben etwas fehlte.

Nach einer langen Findungsphase kündigte Stefan seinen Job und entschied sich dafür das Kunststudium nachzuholen. Sein Vater war nicht begeistert, aber akzeptierte Stefans Entscheidung. Kunst war ein wichtiger Teil von Stefan, ohne den er nicht glücklich werden konnte. Das sah er jetzt ein. Nach dem Kunststudium arbeitete er als freischaffender Künstler und fühlte sich zum ersten Mal erfüllt und glücklich.

Wenn auch Sie sich in Ihrem Leben gefangen fühlen, wird es an der Zeit einen Neuanfang zu wagen und Ihre Lebensstrukturen neu zu ordnen. Teilweise ist es sogar notwendig loszulassen sowie den eigenen Lebensplan neu aufzubauen.

Mit der folgenden Übung setzen Sie sich aktiv mit der Gestaltung Ihres Lebensplans auseinander, erkennen Schwachstellen und lernen aus diesen Schwachstellen ein neues Leben zu formen. Sie werden herausfinden, welche Aktivitäten und Erfahrungen Ihnen Kraft geben und welche davon Ihre Energiereserven angreifen. Zusätzlich verschaffen Sie sich einen Überblick und können dann mögliche Wendepunkte selbst gestalten.

Übung:

1) Sie benötigen wieder einen Stift und ein großes Blatt Papier. Unterteilen Sie das Blatt in vier Spalten. In die erste Spalte schreiben Sie Ihre persönlichen Bedürfnisse. Das können zum Beispiel neben den Grundbedürfnissen wie Nahrung, Schlaf und Sicherheit, Bedürfnisse sein wie, mehr Freizeit, Zeit mit Freunden oder Sport treiben. Zählen Sie alle Bedürfnisse auf, die Ihnen dazu einfallen und die in Ihrem Innern schlummern.

2) In die zweite Spalte tragen Sie nun alle Bedürfnisse ein, die Ihnen besonders wichtig sind. So können Sie sehen, was Ihnen zum jetzigen Zeitpunkt besonders fehlt und welche Wünsche sich womöglich herauskristallisieren. Die anderen Bedürfnisse können also warten und müssen nicht sofort angegangen werden.

3) Die dritte Spalte ist für Ihre persönlichen Werte gedacht. Was ist Ihnen im Leben besonders wichtig? Ehrlichkeit, Freundschaft, Loyalität oder vielleicht finanzielle Freiheit könnten beispielsweise eine große Rolle für Sie spielen. Überlegen Sie, welche Leidenschaften sich in Ihnen verbergen, was Sie in Ihrem Leben glücklich macht oder worauf Sie keinesfalls verzichten möchten. Zählen Sie alle Werte auf, die Ihnen einfallen.

4) Überlegen Sie, inwiefern Ihre Werte momentan in Ihrem Leben umgesetzt werden. Tragen Sie die fehlenden Werte in die vierte Spalte ein. Welche Werte vermissen Sie und wie können Sie diese Werte in Ihr Leben zurückbringen?

Wenn Sie alle Spalten bearbeitet haben, sollte Ihr jetziges Ergebnis ungefähr so ähnlich wie in diesem Beispiel aussehen:

Meine Bedürfnisse	**Meine wichtigsten Prioritäten**	**Meine Werte**	**Werte, welche ich vermisse…**
- Ruhe - Weniger Stress auf der Arbeit - Mehr Zeit für Familie - Hobbys nachgehen - Spaß mit den Kindern haben - Verreisen - etc.	- Mehr Zeit für Familie - Hobbys nachgehen - Spaß mit den Kindern haben	- Familie - Freundschaft - Humor - Kreativität - Entspannung - Ehrlichkeit - Gesundheit - Zuverlässigkeit - Unbeschwertheit - etc.	- Familie - Humor - Kreativität - Gesundheit

Erläuterung:
Im Beispiel hat die Person also ein großes Zeitproblem und zusätzlich Schwierigkeiten, sich um die eigene Gesundheit zu kümmern. Sie wünscht sich mehr Zeit für die Familie und möchte auch selbst in der Freizeitgestaltung nicht zu kurz kommen. Eine Lösung würde die Person demnach finden, indem sie entweder die Zeitplanung in ihrem Leben anpasst oder zeitintensive Faktoren reduziert. Möglich wäre hier eine Reduzierung der Arbeitszeit, insofern es finanziell machbar ist oder eine Neustrukturierung des Alltags. Das heißt, bewusste Zeiten für die Familie einzuplanen und die Prioritäten neu zu setzen. Beim gesundheitlichen Aspekt könnte die Person, demnach aufmerksamer bezüglich der eigenen Körpersignale sein und auch hier eine Anpassung der Ernährung oder Bewegung durchführen.

Mit dieser Übung erhalten Sie einen guten Überblick über Ihre Lebenssituation. Sie können so Bedürfnismängel aufspüren und Ihr Leben von Grund auf neugestalten. Das macht Sie ausgeglichener und lässt Sie zu Ihrer inneren Mitte finden.

Resilienz trainieren

Ein großer Faktor der Lebensgestaltung bildet die Resilienz eines Menschen. Resilienz bedeutet, dass Sie nach einem Schicksalsschlag nicht aufgeben und Ihr Leben trotz allem lebenswert ist. Es ist die Fähigkeit, sich nach traumatischen Erlebnissen selbst zu heilen und gleichzeitig wiederaufzubauen. Der Begriff der Resilienz beschreibt somit die Widerstandskraft und Stressresistenz eines Menschen.

Beispiel:
Marina und Sonja waren beste Freundinnen. Schon immer waren Sie in ihren Ansichten sehr unterschiedlich, passten aber dennoch gut zusammen. Sonja hatte vier Geschwister und war die älteste Tochter. Somit hatte sie oft die Verantwortung für die kleineren Geschwister, wenn ihre Mutter später von der Arbeit nach Hause kam. Ihre Mutter war alleinerziehend und hielt die Familie so gut sie konnte, mit ihrem Job über Wasser. Für Sonja war es selbstverständlich ihre Mutter zu unterstützen, denn diese war schon genug mit ihrer Arbeit ausgelastet. Trotz vieler Schicksalsschläge, unter anderem der Tod des Vaters, gab Sonjas Mutter nicht auf und vermittelte ihren Kindern, dass es immer bessere Zeiten geben würde. Sie sprach mit ihren Kindern viel über Probleme und es war ihr wichtig, dass auch die Kinder gehört wurden. Sonja übernahm den Optimismus ihrer Mutter und bewahrte auch in schwierigen Situationen immer einen kühlen Kopf.

Als erwachsene Frau trotzte sie jeder noch so schweren Krise und fand immer eine Lösung für jedes Problem. Marina jedoch konnte mit Niederlagen schwer umgehen und es gab in ihrem Leben immer wieder selbstzerstörerische Phasen, weil sie nie gelernt hatte, mit Stress umzugehen. Ihre Eltern besaßen eine Firma und waren nie zu Hause. Sie ließen Marina schon als Teenager mit ihren Problemen allein, weil ihren Eltern einfach keine Zeit für ein Familienleben blieb. Zum Reden war nie jemand da, denn Marina war ein Einzelkind, was die meiste Zeit nur ständig wechselnde Kindermädchen kannte.

Als sich ihre Mutter von ihrem Vater trennte, betrank sich ihr Vater regelmäßig, um den Schmerz zu betäuben. Marina lernte auch von ihrer Mutter keinen richtigen Umgang mit Stresssituationen, weil ihre Mutter der Meinung war, dass Marina sich nicht so anstellen solle. Jedes Problem wurde unter den Teppich gekehrt. In der Hinsicht beneidete Marina ihre Freundin Sonja für ihre Familie.

Wie ausgeprägt Ihre persönliche Resilienz ist, hängt oft davon ab, wie Sie erzogen wurden und welche Erfahrungen Sie in Ihrem Leben mit anderen Menschen machen konnten. Die seelische Stabilität oder auch Widerstandskraft kann glücklicherweise jederzeit erhöht werden und bleibt nicht dauerhaft auf dem gleichen Level bestehen. Wenn Sie also selbst bemerken, dass Sie bei den kleinsten Dingen aus der Haut fahren, weil Sie mit der Zeit sehr dünnhäutig und sensibel geworden sind, ist das kein Grund zur Sorge. Sie können Ihre Resilienz jederzeit trainieren und sich für zukünftige Stresssituationen wappnen.

Resilienz-Übung:

Sie benötigen für die Übung einen Stift und ein Blatt Papier. Zeichnen Sie einen Zeitstrahl auf das Papier und unterteilen Sie Den Zeitstrahl in drei gleich große Abschnitte. Der Erste Abschnitt stellt Ihre Kindheit dar. Der mittlere Abschnitt bezieht sich auf das Erwachsenen-Dasein. Der dritte Abschnitt stellt Ihre Zukunft dar.

1) Übertragen Sie nun auf den Zeitstrahl alle einprägsamen Erlebnisse ein, die Ihnen einfallen. Konzentrieren Sie sich dabei zuerst nur auf negative Erfahrungen und Krisen. Danach schreiben Sie Ihre positiven Erlebnisse hinein. Noch besser ist es, wenn Sie für negative und positive Erfahrungen zwei farbige Stifte benutzen. Dann wird der Zeitstrahl noch übersichtlicher.

2) Den Abschnitt der Zukunft lassen Sie zunächst unberührt. Wenn Sie alle Erfahrungen eingetragen haben, schauen Sie sich Ihre Notizen einmal genauer an. Gehen Sie jetzt jedes negative Ereignis auf Ihrem Zeitstrahl durch und notieren Sie sich, welche Faktoren dafür verantwortlich waren. Was hat die jeweilige Krise verstärkt, beeinflusst oder herbeigeführt? Denken Sie darüber nach, wie Sie sich in jeder einzelnen Situation gefühlt haben. Notieren Sie sich Ihre Reaktionen und Handlungen sowie alle äußeren Faktoren, die Sie mit dem Ereignis in Verbindung bringen.

Ganz wichtig ist, dass Sie darüber nachdenken, was Sie aus jeder Krise lernen durften und wie diese Ihren Charakter geformt hat. Welche Stärken haben sich daraus entwickelt und welche negativen Eigenschaften haben Sie ablegen können. Nehmen Sie dazu am besten noch einen weiteren Zettel, denn dieser Teil der Übung kann viel Schreibarbeit bedeuten. Sie lernen während der Auseinandersetzung mit vergangenen Krisen, dass Schwierigkeiten nicht von Dauer sind und sich durchaus mit glücklichen Phasen abwechseln können.

3) Wenn Sie alle negativen Ereignisse abgearbeitet haben, widmen Sie sich den positiven Ereignissen. Verfahren Sie hier wieder genauso und schreiben Sie zu jeder Situation eine kleine Analyse. Legen Sie den Fokus besonders auf Ihre Gefühlswelt und Ihre persönlichen Erfolge. Schnell werden Sie bemerken, dass Sie auch viele wertvolle Momente in Ihren Leben erleben durften und es nicht nur Krisen zu bestehen gab. Überlegen Sie, welche Ereignisse Sie gerne wiederholen würden, wenn Sie könnten.

4) Gehen Sie nun zum dritten Abschnitt über und tragen Sie Ihre Ziele und Wünsche ein, die Sie für sich in der Zukunft sehen. Welche davon sind Ihnen besonders wichtig? Wie können Sie diese Ziele erreichen? Erstellen Sie sich einen Plan, wie Sie mit zukünftigen Krisen verfahren möchten und welche Stärken Ihnen dabei behilflich sein könnten.

!

Mit den folgenden Tipps können Sie Ihre Resilienz zusätzlich erhöhen und lernen, wie Sie Krisen unbeschadet überstehen:

- Üben Sie sich in Akzeptanz. Versuchen Sie jede noch so ärgerliche Situation anzunehmen, auch wenn es Ihnen schwerfällt. Schlechtes Wetter ist da ein gutes Beispiel. Sie haben keinen Einfluss auf das Wetter und deshalb müssen Sie es auch nicht ständig zum Thema machen. Es bringt Ihnen rein gar nichts, kostbare Energie zu verschwenden, indem Sie sich mit Grübeleien quälen. An der Gesamtsituation können Sie manchmal nichts ändern und es ist einfach entspannter, den Lauf der Dinge zu akzeptieren, als dagegen anzukämpfen.
- Bringen Sie mehr Optimismus in Ihr Leben und sehen Sie nicht immer als schwarz. Eine negative Einstellung bringt nur schlechte Laune und hemmt die Motivation. Umgeben Sie sich mit positiven Menschen. Deren Einstellung kann auf Sie abfärben und Ihnen die wunderbaren Momente des Lebens näherbringen. Vermeiden Sie gleichzeitig den Kontakt zu negativen Menschen, denn diese ziehen Sie nur herunter und schaden somit Ihrer Resilienz.
- Machen Sie sich Ihrer Erfolge bewusst und beginnen Sie an sich selbst zu glauben. Sie haben viel geschafft und können durchaus stolz auf sich sein. Vergessen Sie nie Ihre Stärken und rufen Sie sich in Erinnerung, wie stark Sie sind. Loben Sie sich deshalb regelmäßig und stärken Sie Ihr Selbstbewusstsein.
- Greifen Sie auf Ihr soziales Netzwerk zurück, wenn Sie Hilfe brauchen. Pflegen Sie Ihre Kontakte und scheuen Sie sich nicht nach Hilfe zu fragen. Je mehr Unterstützung Sie erhalten, desto besser schaffen Sie es, Krisen zu meistern.
- Probleme können grundsätzlich immer gelöst werden. Sie müssen nur offen für neue Lösungswege sein. Lassen Sie sich von Problemen deshalb nicht stressen, sondern suchen Sie aktiv nach Lösungsansätzen. Erstellen Sie sich notfalls einen Plan, wie Sie vorgehen möchten und welche Hilfsmittel dabei zum Einsatz kommen sollen.

DANKBARKEIT

Wann waren Sie das letzte Mal so richtig dankbar? Denken Sie einmal zurück. War es, als Ihnen ein großartiges Geschenk zum Geburtstag überreicht wurde oder Sie von jemand Fremden ein Kompliment erhalten haben? Dankbarkeit ist etwas, was im Alltag nur zu gern vergessen wird. Mittlerweile sind viele Dinge selbstverständlich geworden. Durch die Hektik des Alltags nimmt das Bewusstsein für Dankbarkeit rapide ab. Das kann man schon bei den Kleinsten beobachten. Kinder werden mit Unmengen an Spielzeug und starkem Medienkonsum ruhiggestellt, weil die Eltern kaum noch Zeit für ihre Sprösslinge haben. Ein Übermaß an materiellem Konsum lässt die Dankbarkeit bei Kindern immens schrumpfen. Schließlich ist alles immer direkt und in vollem Umfang verfügbar. Kinderserien werden heutzutage auf Abruf gestreamt, sind demnach jederzeit greifbar. Die vorherige Generation musste noch gespannt auf bestimmte Uhrzeiten warten, damit die Lieblingsserie gesendet wurde. Das braucht es heute nicht mehr.

Kinder lernen heutzutage weniger, wie man sich über etwas ganz Besonderes freut, weil es diese Besonderheiten im Alltag kaum noch gibt. Der Kühlschrank ist jederzeit gut gefüllt mit Leckereien und die Süßigkeiten sind nur einen Gang zum Supermarkt entfernt. Das ganze Leben wird als selbstverständlich angesehen und es gibt kaum noch ernsthafte Hürden, die sich den Menschen in den Weg stellen. Den Kindern kann man keinen Vorwurf machen, schließlich erziehen sie sich nicht selbst. Es ist aber erschreckend zu sehen, wie wenig Dankbarkeit allgemein in unserer Gesellschaft vorhanden ist.

Das Leben ist viel schnelllebiger geworden und die Menschen sind zu sehr mit sich selbst beschäftigt, als dass sie auf andere Acht geben könnten. Es bleibt wenig Zeit, um sich beispielsweise bei der Reinigungskraft für die gründliche Arbeit zu bedanken. Beim Bäcker rennen die Menschen schnell hinaus, ohne sich zu bedanken. Schließlich könnte man jeden

Moment den Bus zur Arbeit verpassen. In der Arbeitswelt sind Überstunden schon gar nicht mehr der Rede wert. Jede noch so kleine Geste wird als selbstverständlich angesehen, was natürlich zur Folge hat, dass wahre Wertschätzung immer kostbarer wird. Wie also sollen wir Menschen dankbar für unser Leben sein, wenn wir keine Zeit dazu haben, kleine Momente wertzuschätzen? Wenn es auf der Welt mehr Dankbarkeit gäbe, hätten die Menschen ein viel schöneres und erfüllteres Leben.

Der Kintsugi-Philosphie zufolge müssen wir wieder lernen, jeden noch so unbedeutenden Augenblick wertzuschätzen. Nicht alles sollte selbstverständlich sein. Der Kaffee am Morgen, die frisch gewaschene Wäsche, der Sonnenschein oder die Blumen, die im eigenen Garten beginnen zu blühen, sind Dinge, für die der Mensch dankbar sein sollte. Erst wenn es zur Krise kommt, wird uns bewusst, wie zerbrechlich jeder Moment sein kann. Deshalb ist es so wichtig, das eigene Bewusstsein wieder für die wunderbaren Geschenke des Lebens zu schulen. Eine Veränderung kann schon mit kleinen Schritten beginnen und muss überhaupt nicht aufwendig sein. Im Folgenden finden Sie zwei Möglichkeiten, wie Sie im Alltag zu mehr Dankbarkeit gelangen.

Dankbarkeits-Journaling

Eine sehr schöne Methode wieder Dankbarkeit zu erlernen ist es, ein Dankbarkeitstagebuch zu führen. An jedem Tag schreiben Sie auf, was Sie glücklich gemacht hat und wofür Sie dankbar sind. Schon kurze Einträge reichen aus, damit Sie sich auf die positiven Ereignisse des Tages konzentrieren, anstatt sich nur auf Negatives zu beschränken. Wenn Sie das Tagebuch morgens führen möchten, lassen Sie doch Ihre Erwartungen für den Tag miteinfließen. Schreiben Sie aber nur positive Erwartungen hinein, wie zum Beispiel: „Ich wünsche mir heute im Job weniger Stress und mehr Spaß mit meinen Kollegen." Abends können Sie diese Erwartungen mit den tatsächlichen Geschehnissen vergleichen. Konnten Sie Ihre eigenen Erwartungen erfüllen? Wenn ja, wie haben Sie sich dabei gefühlt? Haben sich Ihre Erwartungen nicht bestätigt, denken Sie nach, wie Sie in Zukunft positive Erwartungen umsetzen können.

Im Handel gibt es diese bereits mit vorgefertigten Fragen zu kaufen, wobei diese Tagebücher für die breite Masse dienen. Die Individualität geht etwas verloren, wenn Sie nur eintönige Fragen beantworten, die nicht auf Ihr Leben bezogen sind. Besser ist es, wenn Sie selbst eines erstellen. Dann können Sie die Fragestellungen und Einträge perfekt auf sich abstimmen.

?

Fragen, die Sie sich in Bezug auf Dankbarkeit stellen können:

1) Für welche Personen und Begegnungen sind Sie dankbar in Ihrem Leben?

2) Welcher Person würden Sie gerne mal wieder „Danke" sagen?

3) Welche Ereignisse diese Woche haben Ihnen ein Lächeln ins Gesicht gezaubert?

4) Für welche materiellen Dinge sind Sie dankbar?

5) Welche nicht-materiellen Dinge haben Sie in letzter Zeit von jemanden geschenkt bekommen? (Zeit, Aufmerksamkeit, Liebe usw.)

6) Welche positiven Erfahrungen konnten Sie am heutigen Tag sammeln?

7) Was war die schönste Erfahrung, die Sie in Ihrem Leben machen durften?

8) Für welche Fehler und Rückschläge sind Sie im Nachhinein dankbar?

9) Wer oder was hat Sie heute zum Lachen gebracht?

10) Über welche Ihrer Talente und Eigenschaften freuen Sie sich besonders?

11) Zählen Sie drei Dinge auf, für die Sie heute dankbar sind.

12) Was lieben Sie an Ihren Mitmenschen und wer ist ein ganz besonderer Mensch für Sie?

13) Was lieben Sie an sich besonders?

14) Für welche Erfahrungen sind Sie in Ihrem Leben dankbar?

15) Was ist das Wichtigste in Ihrem Leben? Wofür lohnt es sich für Sie zu leben?

Sie können die Fragen sehr gut in Ihr Dankbarkeitsjournal mit aufnehmen und täglich eine dieser Fragen beantworten. Natürlich steht es Ihnen frei, weitere Fragen zu formulieren und so all die wundervollen Erlebnisse Ihres Lebens festzuhalten.

Das Dankbarkeitstagebuch können Sie nach Ihren eigenen Vorstellungen und Wünschen gestalten. Es ist dabei wichtig, dass Sie sich jeden Tag mindestens fünf Minuten Ruhe gönnen und sich auf die positiven Momente des Tages besinnen. Sie können Ihr Tagebuch mit Fragen versehen, in klassischer Erzähl-Version schreiben oder aber stichpunktartig ausführen. Auch kreative Zeichnungen, die Ihr Tagesgeschehen festhalten, sind eine wunderbare Methode abzuschalten und die kostbaren Momente des Tages zu reflektieren. Bei der Gestaltung sind Sie also völlig frei. Wichtig ist, dass Sie das Dankbarkeitstagebuch regelmäßig führen und sich den kleinen Kostbarkeiten des Lebens bewusstwerden.

Vereinbaren Sie deshalb mit sich selbst einen festen Termin, bei dem Sie sich nur auf Ihr Tagebuch konzentrieren und alle Störfaktoren vermeiden. Schalten Sie Ihr Telefon aus und gönnen Sie sich diese Zeit für sich. Machen Sie es zu Ihrem persönlichen Ritual, mindestens einmal am Tag darüber nachzudenken, was Sie heute glücklich gemacht hat. Sie werden vielleicht schon am ersten Tag eine Veränderung Ihrer Denkweise verspüren. Nach mehreren Wochen fühlen Sie sich vielleicht schon zufriedener und blicken wohlgesonnen in die Zukunft. Das Dankbarkeitstagebuch unterscheidet sich insofern von einem normalen Tagebuch, weil hier nur positive Aspekte benannt werden dürfen. Negativität sollte in diesem Tagebuch keinen Platz finden. Bei Dankbarkeit geht es schließlich nicht darum, den schlechten Momenten eine Bühne zu geben, sondern eher das Glück und die Schönheit in kleinen Dingen zu sehen. Egal, wie unscheinbar sie auch sein mögen.

Sollten Sie von Natur aus bei der Gestaltung Ihres Dankbarkeitstagebuchs nicht so kreativ sein, empfiehlt es sich kurze und prägnante Sätze aufzuschreiben. Beginnen Sie einfach mit dem Satz: „Ich bin heute dankbar für…", und vervollständigen Sie ihn mit allen positiven Punkten des Tages. Sie können dankbar sein für die Sonne, das gute Mittagessen, Ihre kuschelige Winterjacke, ein spannendes Gespräch oder was auch immer Ihnen einfällt.

Vorteile des Dankbarkeitstagebuchs:

- Wenn Sie Ihre Gedanken zu Papier bringen, werden Ihre Gedanken greifbarer und somit realistischer.
- Ihre Wahrnehmung verändert sich zum Positiven und Sie fokussieren sich weniger auf negative Erfahrungen.
- Sie lernen jeden Augenblick wertzuschätzen, sowie auch mit allen Facetten anzunehmen.
- Ihr Stress-Level wird automatisch gesenkt, weil Schreiben meditativ wirkt und Sie dabei Ihr Gehirn entlasten.
- Es macht einfach glücklich, wenn Sie sich tagtäglich mit positiven Gedanken beschäftigen.
- Sie lernen, sich auf die wichtigen Dinge im Leben zu konzentrieren und lösen sich von Grübelzwängen.
- Sie schließen den Tag mit positiven Gedanken ab und schlafen somit ruhiger.
- Sie lernen für Ihr Leben dankbarer zu sein und sich nicht nur auf negative Erfahrungen zu beschränken.
- Ihr Optimismus wird gefördert, was wiederum positive Auswirkungen auf Ihre Laune haben wird.

Wenn Ihnen das Dankbarkeits-Journaling bereits gute Impulse geliefert hat, können Sie es auch einmal mit weiteren Dankbarkeitsübungen versuchen. In der folgenden Aufzählung erhalten Sie noch weitere Ideen zu diesem Thema.

Atemmeditationen mit Dankbarkeitsimpulsen

Hierbei geht es darum, während einer Meditation in sich hineinzufühlen und das Gefühl der Dankbarkeit zu intensivieren. Sie meditieren und rufen sich die Person oder ein Ereignis vor Augen, für die Sie besonders dankbar sind. Während der Meditation versuchen Sie das Gefühl der Dankbarkeit festzuhalten und in seiner gesamten Fülle zu genießen.

Dankbarkeitsliste

Jeden Abend vor dem Zubettgehen schreiben Sie eine Dankbarkeitsliste für den Tag. Notieren Sie alle Menschen und Momente des Tages, für die Sie dankbar sind. Jeden Morgen lesen Sie sich die abendliche Liste erneut durch, damit Sie sich das Gefühl der Dankbarkeit in Erinnerung rufen.

Dankbarkeit im Alltag

Versuchen Sie das Wort „Danke" häufiger zu verwenden und mehr in Ihren Alltag einzubauen. Natürlich sollten Sie es ernst meinen und mit der Dankbarkeit nicht zu inflationär umgehen. Sonst verliert sie ihre Besonderheit. Bedanken Sie sich bei Ihren Mitmenschen, wenn Sie Hilfe erhalten oder jemand sehr aufmerksam zu Ihnen war. Vielleicht möchten Sie sich auch allgemein bei einem lieben Menschen bedanken, der immer an Ihrer Seite stand. Drücken Sie Ihre Dankbarkeit mit kleinen Gesten oder sogar mit einem Präsent aus, wenn Sie dies für passend erachten.

Dankbarkeits-Spiegel

Nicht nur bei anderen Menschen, sondern auch bei Ihnen ist ein Dank angebracht. Stellen Sie sich vor den Spiegel und zählen Sie alles in Ihrem Leben auf, wofür Sie sich selbst dankbar sind. Welche Erfolge und Herausforderungen haben Sie schon gemeistert? Was lieben Sie an sich selbst? Für welche Eigenschaften sind Sie sich dankbar? Diese Übung eignet sich sehr gut für ein kleines regelmäßiges Ritual zur Stärkung des Selbstbewusstseins.

Was wäre, wenn...
Bei dieser Dankbarkeitsübung geht es darum, zu überlegen, wie negativ Ihr Leben hätte verlaufen können. So lernen Sie Ihr jetziges Leben wertzuschätzen. Was wäre, wenn Sie keine Kinder bekommen hätten oder wenn Sie in einem Kriegsgebiet leben müssten? Was wäre, wenn Sie kein Dach über dem Kopf hätten oder sich Ihre Nahrung nicht leisten könnten? Mit dieser Übung öffnen Sie sich selbst die Augen und erkennen wie privilegiert Sie eigentlich sind. Sie sehen Ihr Leben dann in einem anderen Licht und werden dankbarer für die für Sie selbstverständlichen Dinge.

Positive Affirmationen

„Das schaffe ich nie!", oder „Nie passiert mir etwas Gutes!", sind Sätze, die wirklich jedem schon einmal durch den Kopf gegangen sind. Negative Glaubenssätze bilden sich schon in frühester Kindheit aus und werden vom Umfeld beeinflusst. Man kann sich das so vorstellen, wie bei einem Samen, der in die Erde gepflanzt wird. Enthält dieser Samen eine negative Grundeinstellung, kann daraus auch nur eine negativ behaftete Pflanze wachsen. So verhält es sich auch mit den Glaubenssätzen, die einem im Leben mit auf den Weg gegeben werden. Ein Kind, welches ständig zu hören bekommt, dass es unfähig oder nicht gut genug ist, wird als Erwachsener schwer ein gesundes Selbstbewusstsein aufbauen können. Somit verfestigen sich die Glaubenssätze und das Kind wird sich sein Leben lang immer wieder selbst negativ beeinflussen.

Beispiel:
Maria hat von ihren Eltern ein Leben lang vorgehalten bekommen, dass ihr Körper schlanker sein müsste. Immer war sie das Pummelchen und wurde ständig auf ihr Gewicht reduziert. „Iss dies nicht, iss das nicht, du wirst sonst eines Tages über die Straße rollen", hörte sie dauernd. Jeder wollte ihr vorschreiben, was sie zu essen hatte und wie dünn sie sein sollte. Als Kind war es ihr noch egal, was andere von ihr dachten, weil sie lieber mit ihren Spielsachen beschäftigt war. Ihr Körper war zu dem Zeitpunkt noch kein relevantes Thema. Als dann aber Mitschüler in der Schule begannen sie aufgrund ihres Gewichts zu ärgern, formten diese Hänseleien in ihrem Kopf den Gedanken, dass etwas mit ihr nicht stimmen konnte. Im Teenageralter wurden die Meinungen anderer Menschen noch wichtiger und ihr Körper veränderte sich zu dem einer Frau. Ihre Kurven empfand sie als zu dick und so probierte Maria eine Diät nach der anderen aus. Nie war sie mit ihrem Erscheinungsbild zufrieden. Diese Denkweise hielt bis zu ihrem 30. Geburtstag an. An diesem Tag traf sie ihren jetzigen Lebensgefährten, der keinen Wert auf die „perfekte" Figur legte. Ihm waren andere Dinge, wie der Charakter und ein gutes Herz, viel wichtiger. Er akzeptierte sie mit all ihren Fehlern und sagte einmal zu ihr, dass er sich eine Maria ohne bestimmte Makel gar nicht vorstellen konnte. Da wurde ihr klar, dass ihr Körper zu jeder Zeit ihres Lebens völlig in Ordnung war. Sie musste sich für niemanden verbiegen und besaß auch mit ein paar Speckröllchen eine wunderbare Anziehungskraft. Ab diesem Punkt änderte sie ihre Denkweise und wollte sich nicht mehr von negativen Glaubensätzen ihrer Vergangenheit leiten lassen. Sie beschloss nur noch liebevoll mit ihrem Körper umzugehen und ihn als wertvolles Geschenk anzusehen. Jeden Tag begann sie mit positiven Glaubenssätzen, die ihr ein sehr großes Selbstbewusstsein verschafften. Zwar flammen manchmal immer noch Zweifel auf, wenn sie schlanke Frauen sieht, die alles tragen können. Doch sie hat verstanden, dass sie eine ganz andere Persönlichkeit ist und nie so sein wird, wie andere Menschen es von ihr verlangen.

Mit positiven Affirmationen, also aufbauenden Glaubenssätzen, kann Sie negativen Denkweisen entgegenwirken. So hat auch Maria es im Beispiel geschafft, alte Denkmuster zu durchbrechen und durch positive zu ersetzen. Der Weg dorthin kann jedoch steinig sein und Sie müssen Geduld haben, wenn Sie nach Veränderung streben. Oftmals erkennt man negative Affirmationen nicht als solche. Sie können gut getarnt sein und Ihnen dennoch das Leben schwer machen.

Beispiel:
„Ich kann nun mal nicht gut kochen."

Bei diesem Satz haben Sie sich damit abgefunden, nicht gut kochen zu können. Das mag anfangs wie Akzeptanz klingen, zeigt jedoch nur einen negativen Glaubenssatz auf, den Ihnen irgendwann mal jemand eingepflanzt hat. Warum sollten Sie nicht gut kochen können? Wer setzt hier die Maßstäbe für gut und schlecht? Wieso sollten Sie mit etwas Übung nicht auch leckere Gerichte zaubern können? Es ist alles Auslegungssache, was gut oder schlecht ist. Niemand ist allwissend auf die Welt gekommen und war sofort ein Profi. Ersetzen Sie den Satz mit einer positiven Affirmation, klingt der Satz schon viel motivierender.

Beispiel:
„Ich lerne beim Kochen immer Neues dazu."

Bei diesem Satz zeigen Sie zwar, dass Sie noch nicht perfekt sind, aber Sie bewahren gleichzeitig eine positive Grundhaltung. Das, was Sie dazu lernen, wird Ihnen dabei helfen Ihre Kochkünste zu verbessern. In allen Lebenslagen können Sie positive Affirmationen nutzen, um Ihre veralteten Denkmuster neu zu programmieren. Diese kurzen, prägnanten Sätze besitzen eine große Macht und sind praktische Werkzeuge zur Verbesserung

Ihres Wohlbefindens. Affirmationen stärken Ihr Selbstwertgefühl, steigern die innere Zuversicht und helfen Optimismus zu fördern, wenn sie stärkend und aufbauend formuliert werden. Damit Affirmationen wirken können, müssen Sie diese regelmäßig wiederholen. Erst dann können sich die neuen Glaubenssätze im Unterbewusstsein verankern. Hilfreich kann dabei auch eine kleine Visualisierung sein, indem Sie Ihren positiven Glaubenssatz entweder aufzeichnen oder in Gedanken ausformen.

Übung zur Visualisierung:
Bei dieser Übung werden Sie sich ein konkretes Ziel vorstellen, dass Sie in naher Zukunft erreichen werden. Am besten legen Sie sich für die Übung ein Blatt Papier und einen Stift zur Hand. Diese brauchen Sie ganz zum Schluss, um Ihre Erkenntnisse festzuhalten. Sie brauchen für die Übung einen negativen Glaubenssatz, der Sie schon Ihr gesamtes Leben begleitet. Diesen Glaubenssatz formen Sie ins Positive um und nehmen diese Affirmation für Ihre Visualisierung.
Beispiel:
Negativer Glaubenssatz: „Ich bin nicht stark genug."
Positive Umformung: „Ich bin stark und habe keine Angst."

Wiederholen Sie nun mehrmals Ihre positive Affirmation und schließen Sie dabei die Augen. Stellen Sie sich nun Ihre Zukunft vor und sprechen Sie weiterhin Ihren positiven Glaubenssatz. Erschaffen Sie einen Ort in Gedanken, an dem Sie sich völlig sicher fühlen. An diesem Ort sind Sie stark und mutig. Niemand kann Ihnen etwas anhaben. Sie haben keinerlei Ängste und trauen sich alles zu. Sie sind geistig an dem Punkt angekommen, an dem Sie schon immer sein wollten. Niemand kann Ihnen Ihr Selbstvertrauen nehmen und Sie sind bereit für alle Herausforderungen, die Ihnen das Leben stellt. Stellen Sie sich alle Einzelheiten so genau wie möglich vor. Wie sieht dabei Ihre Mimik, Ihre Körperhaltung aus? Welche Gedanken könnten Sie in dieser Situation haben? Welche Aktivität führen Sie an diesem Ort aus?

Wie fühlt sich die Vorstellung an, bereits am Ziel zu sein? Gibt es bestimmte Gerüche oder Geräusche, die Sie wahrnehmen können? Tauchen Sie ganz tief in die Vorstellung ein, wie Sie sich voller Stärke an diesem sicheren Ort befinden. Notieren Sie anschließend Ihre Gedanken und was Sie aus der Übung für Ihr Leben mitnehmen können.

So nutzen Sie positive Affirmationen im Alltag:
Nehmen Sie sich einen Glaubenssatz vor, der Ihnen schon von klein auf im Gedächtnis geblieben ist.
Beispiel:
„Niemand mag mich, weil ich immer alles falsch mache."

Formen Sie den Satz nun so um, dass er positiv auf Sie wirkt und Ihr Selbstbewusstsein stärkt.
Beispiel:
„Ich bin liebenswert und ich kann alles schaffen."

Verfahren Sie so mit allen möglichen negativen Glaubenssätzen, die Ihnen einfallen. Erstellen Sie sich eine Liste und arbeiten Sie diese ab. Verinnerlichen Sie dann jeden Tag Ihre Liste, indem Sie diese gut sichtbar an den Kühlschrank oder ins Bad hängen. Lesen Sie sich Ihre Glaubenssätze morgens und abends durch. Wiederholen Sie die Affirmationen auch unterwegs, indem Sie diese im Handy abspeichern oder sich zwischendurch zurück ins Gedächtnis rufen.

Warum es keine zeitlichen Grenzen gibt

Leben im eigenen Tempo

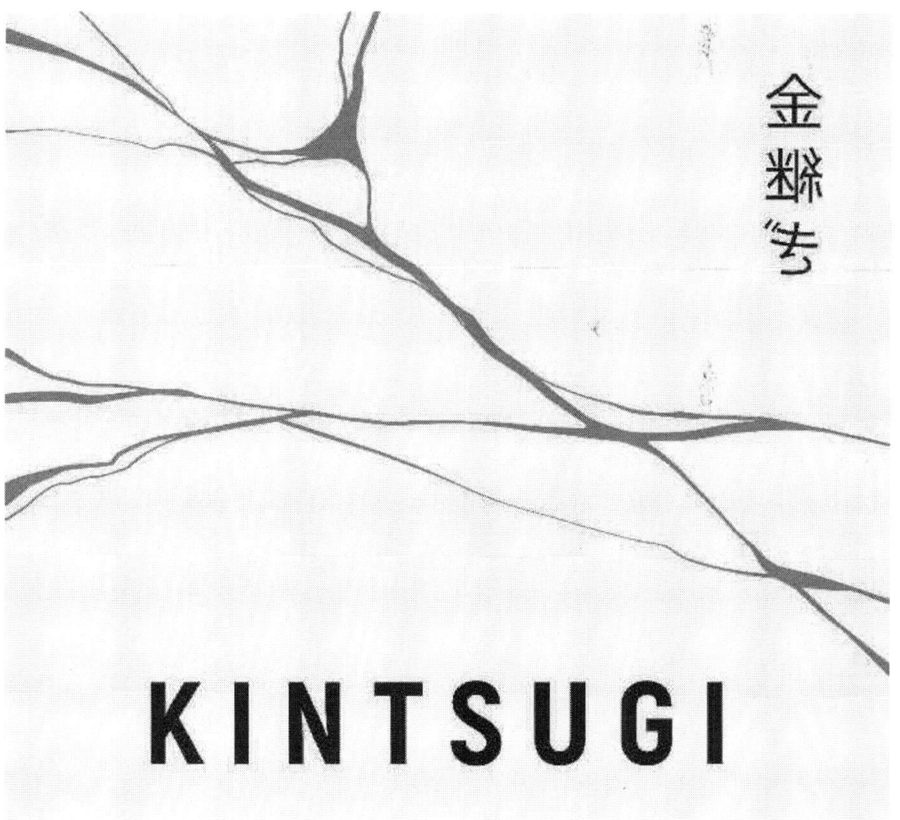

Der australische Filmschauspieler Heath Ledger brachte es einst auf den Punkt:

„Jeder fragt, ob du Karriere machst, ob du verheiratet bist oder ein Haus besitzt. Als ob das Leben ein Einkaufszettel wäre. Niemand fragt, ob du glücklich bist."

Mit diesen Worten prangerte der mittlerweile verstorbene Schauspieler die heutige Sichtweise der Gesellschaft an. Er sprach den Menschen aus der Seele und machte mit seinem Zitat darauf aufmerksam, dass das Leben nicht nach externen Vorgaben ablaufen sollte. Zu leicht lassen sich die Menschen vom Strom der Masse mitziehen und beugen sich den Vorstellungen anderer.

Die Unzufriedenheit und Ratlosigkeit der Menschen entstehen somit durch den Verlust der eigenen Identität. Es gibt viele Faktoren, die einen Menschen dazu bewegen nicht den Weg einzuschlagen, den er für sich auserwählt hat. Es gibt Eltern, die eine bestimmte Erwartungshaltung von ihren Kindern haben und sie unbewusst in vorgefertigte Schubladen stecken. Lehrer, die Schüler in ihren Fähigkeiten ausbremsen, weil diese vielleicht nicht der allgemeinen Bildung entsprechen. Oder einfach Menschen, die sich ständig herausnehmen, über das Leben anderer Menschen zu urteilen. Ihnen sogar ein schlechtes Gewissen einreden wollen, weil sie selbst mit ihrem Leben unzufrieden sind oder nicht den Mut für eigene Träume aufbringen.

Beispiel:
Elke kann nicht verstehen, dass ihre Tochter Sarah nicht studieren möchte. Schließlich haben alle in der Familie nach dem Abitur ein Jurastudium absolviert. Sarah möchte lieber eine Ausbildung zur Kosmetikerin machen und träumt von einem eigenen Kosmetikstudio. Elke findet die Idee nicht gut und möchte Sarah von Ihrer Idee abbringen. Sie glaubt, dass Sarah nicht das Zeug dazu hat und redet ihr ein, dass sie als Kosmetikerin keinen Erfolg haben wird. Sarah solle lieber der Familientradition nachgehen und die Idee mit der Kosmetikausbildung verwerfen. Doch Sarah lässt sich von den Bedenken ihrer Mutter nicht beeindrucken und besteht darauf, ihren Traum zu verfolgen, egal was ihre Mutter davon hält. Sarah betont, dass ihre Mutter bereit dazu war, ihren Traum aufzugeben, aber sie selbst möchte das nicht. Elke versetzt es einen Stich, wenn sie daran denkt, dass auch sie damals ihren Traum vom Modedesignstudium nicht verwirklichen konnte. Zu sehr hatte sich ihr Vater dagegen aufgelehnt.

Im Grunde muss jeder Mensch für sich das eigene Lebens-Tempo festlegen und herausfinden, mit welchem Lebensmodell er glücklich ist. Unkonventionelle Lebensstile werden leider noch zu häufig kritisiert und es stellt sich die Frage, wieso sich die Menschen überhaupt das Recht nehmen, fremde Lebensmodelle zu kritisieren? Baut sich der Druck in ein gesellschaftsfähiges Modell zu passen durch äußere Einflüsse oder durch eigene Vorstellungen auf? Diese Fragen regen zum Nachdenken an. Fest steht allerdings, dass jeder Mensch andere Ziele und Wünsche hat. Ob er diese auch verfolgt, steht auf einem anderen Blatt.

WARUM DIE GESELLSCHAFT IMPLIZITE REGELN FÜR LEBENSEREIGNISSE VORGIBT

Wenn man die Menschen fragt, wie sie sich das perfekte Leben vorstellen würden, bekäme man durchaus eine Vielzahl an interessanten Antworten geboten. Und mit Sicherheit wäre keine dieser Antworten identisch miteinander. Vielleicht würden sie sich ähneln, aber durchaus gäbe es in jeder Antwort eine individuelle Note. Und doch spukt in den Köpfen der Gesellschaft ein scheinbar "inoffizieller Lebensplan" herum, der unbewusst angestrebt wird. Dieses Phänomen beschreibt einen Plan, der seit Generationen weitergetragen wird, weil ihn irgendwann mal jemand als sinnvoll erachtete. Man geht zur Schule, macht bestenfalls seinen Abschluss und startet dann entweder direkt mittels Ausbildung in das Berufsleben oder studiert, um die Berufschancen zu erhöhen. Natürlich ist eine gute Bildung wichtig und eröffnet einem Menschen viele Möglichkeiten, damit er später auf eigenen Beinen stehen kann.

Aber, wenn wir ganz ehrlich sind, ist es doch kein Beinbruch, wenn es mit der Ausbildung oder dem Studium nicht funktionieren will. Eine gewisse Schulbildung ist ein absolutes Muss, das steht außer Frage, aber alles, was danach kommt, kann nachgeholt werden. Sogar bis ins hohe Alter kann sich der Mensch noch für einen Berufswechsel entscheiden oder umorientieren. Es ist alles möglich und nicht nach einem starren Plan vorgegeben.

Leider vergessen die Menschen, welche Möglichkeiten ihnen offenstehen, und so ist es heutzutage ganz normal geworden, die Messlatte möglichst hochzuhalten. Man sollte möglichst früh einen Studienabschluss besitzen, die Karriereleiter bis zur Führungsposition hochklettern oder ein eigenes Unternehmen gründen. Zusätzlich unterliegt das Privatleben auch einer Richtlinie, bei der vor dem 30. Lebensjahr geheiratet werden muss, möglichst Kinder vorhanden sind und bestenfalls ein Haus gebaut wird. Jahrelang arbeitet man dann und versorgt seine Familie, zahlt brav das Häuschen ab und begibt sich ganz zum Schluss in den wohlverdienten Ruhestand. Dieser Lebensplan geht aber nicht für jeden Menschen auf, weil er nicht in jedes Weltbild passt. Suggeriert wird durch die Gesellschaft aber etwas ganz anderes. Es wird künstlicher Druck auf jeden einzelnen erzeugt, weil eben die glückliche Familie mit Kindern und Haus ein schönes einheitliches Bild abgibt. Zudem steht sie für Sicherheit und sicher möchte sich natürlich jeder Mensch fühlen. Dass dieses Lebenskonstrukt jedoch gar nicht so sicher ist, wie es anfangs dargestellt wird, sollte jedem klar sein, wenn er sein Haus nicht mehr abbezahlen kann, überfordert mit den Kindern ist und sich in der Partnerschaft oder im Job ausgezehrt fühlt.

Der Preis für diesen "inoffiziellen Lebensplan" ist hoch und zieht nicht selten, Schulden, Stress und verlorene Lebensqualität nach sich. Und dabei klingt alles so perfekt. In Wahrheit steckt hinter all dem, jahrelange, harte Arbeit. Aber muss man sich den Vorstellungen der Gesellschaft überhaupt beugen, um ein erfülltes Leben zu führen? Nicht jeder Mensch trägt den Wunsch in sich, Kinder großzuziehen oder Vollzeit zu arbeiten. Und dennoch entscheiden sich viele Menschen zu diesem vorgefertigten Leben. Eben, weil sie es so vorgelebt bekommen. Das allgemeine Zugehörigkeitsgefühl der Menschen ist im ersten Moment zwar befriedigt, aber die eigene Persönlichkeit wird stark unter Verschluss gehalten. Und das nur, um die Gesellschaft zu beeindrucken.

DAS LEBEN FINDET IM INDIVIDUELLEN TEMPO STATT

Es gibt ihn nicht, den einen richtigen Weg. Und doch bekommen viele Menschen ab einem bestimmten Zeitpunkt regelrechte Torschlusspanik, wenn sie in ihrem Leben gewisse Meilensteine noch nicht erreicht haben. Die Angst sich vor anderen rechtfertigen zu müssen ist groß und kaum jemand möchte zugeben, dass er nicht so erfolgreich ist, wie es den Anschein hat. Menschen lernen unterschiedlich und niemand ist mit einem anderen Menschen in Entwicklung sowie Erfahrungen identisch. Deshalb ist der Mensch auch so einzigartig in der Evolution. Er entwickelt sich stetig weiter, lernt dazu und kann auf seine individuellen Talente zurückgreifen. Diese Talente bestimmen den gesamten Lebensverlauf und verhelfen ihm dazu, seinen Platz in der Welt zu finden. So können ihn aber auch seine Schwächen ausbremsen und dafür sorgen, dass er seine Ziele nicht linear verfolgt. Auch Umwege sind dann möglich. Manchmal bleiben trotz gewisser Talente auch Türen für immer verschlossen.

Trotz aller Bemühungen kann und will das angestrebte Lebensmuster nicht funktionieren. Gründe kann es hier viele geben. Vielleicht kommen immer wieder unerwartete Ereignisse dazwischen, die den Lebensplan auf Eis legen. Die eigene Gesundheit stellt beispielsweise einen unberechenbaren Faktor dar, der sich auf die Lebenspläne auswirken kann. Kaum war man gesund und fit, muss man durch eine plötzliche Krankheit seinen Job aufgeben und kürzertreten.

Ein unerfüllter Kinderwunsch beispielsweise kann die eigenen Vorstellungen durcheinanderbringen. Hatte man gedacht irgendwann Kinder zu bekommen, muss man sich vielleicht damit auseinandersetzen, dass der Körper ganz andere Pläne vorsieht. Als Student im ersten Semester, muss man möglicherweise seine berufliche Laufbahn neu überdenken, weil die Studienrichtung nicht passt. Eine Trennung, besonders mit Kindern, stellt den ursprünglichen Lebensplan auf den Kopf. Plötzlich muss man sich vollkommen neu organisieren und auf Wünsche und Träume verzichten, weil die Bedürfnisse der Kinder an erster Stelle stehen. Es kann schnell passieren, dass man vor einem ungeplanten Neuanfang steht und das Leben umstrukturiert werden muss.

Das alles sind Umstände, die man nicht vorhersehen kann. Und deshalb sollte sich kein Mensch Vorwürfe machen, wenn er seinen Lebensplan ändern muss. Manche Menschen kommen schneller ans Ziel, andere wiederum müssen ihr ganzes Leben lang kämpfen.

> Das Schicksal ist nicht planbar und das Leben sucht sich sein eigenes Tempo aus. Sie können Ihr Leben mit Ihrem Handeln und Denken beeinflussen, aber verhindern können Sie den Lauf der Dinge nicht.

Wie praktisch es doch wäre, wenn Sie einfach in die Zukunft blicken und bestimmte Ereignisse in der Gegenwart verändern könnten. Das würde Ihrem Leben allerdings die Spannung nehmen und Sie auf Dauer langweilen. Es ist wichtig, dass Sie erkennen, wie wichtig Ihr eigenes Lebenstempo für Ihr Wohlbefinden und Ihre Zufriedenheit ist.

Das Lebenstempo hat sich in der heutigen Zeit stark verändert, weil die Ansprüche an sich selbst und an andere sehr hoch geworden sind. Frühere Generationen waren entspannter und haben das Leben so angenommen, wie es kam. Sicherlich hatte man zu manchen Zeiten auch keine andere Wahl, wenn man jetzt an Kriege oder Wirtschaftskrisen denkt. Die Wertschätzung dem Leben gegenüber war jedoch eine andere. Heute werden die Menschen stetig mit Erwartungen, Leistungsdruck und Stress überhäuft, was das Lebenstempo immer weiter antreibt.

Wenn Sie ein Stadtmensch sind, dann kennen Sie die Hektik des Alltags nur zu gut. Überall, wo Sie unterwegs sind, haben die Menschen keine Zeit, sind ungeduldig, perfektionistisch, pedantisch oder versuchen sich zu vergleichen. Man hat das Gefühl, wenn man eine Großstadt betritt, dass man die Nervosität und den Stress der anderen Menschen regelrecht übertragen bekommt. Jeder hetzt zu seinem Job, in die Uni, zur Schule, in den Supermarkt, zur Bahn und überall herrscht Trubel. Niemand kann es sich leisten einen Moment innezuhalten und sich auf seine Gefühle zu konzentrieren, weil das Leben in der Stadt zu laut für die eigene Seele geworden ist. Aber nicht nur in der Stadt herrscht diese Unruhe. Auch ländlichere Gebiete, werden von der Nervosität und dem Leistungsdruck erfasst, weil viele Menschen zum Arbeiten in die größeren Städte fahren müssen. Der Mensch muss stets flexibel sein und Bereitschaft für mehr Leistung zeigen. Um dann von dem ganzen Stress einen Ausgleich zu finden, versuchen viele Menschen zusätzlich noch Hobbys nachzugehen, die ebenfalls leistungsorientiert sind. Das ganze Leben wird auf Leistungen aufgebaut und es bleibt eigentlich kaum noch Platz für Achtsamkeit. Das ist auch der Grund, weshalb sich viele Menschen durch ihr Leben gehetzt fühlen. Sie finden selbst kaum zur Ruhe und versuchen den Erwartungen der Gesellschaft gerecht zu werden.

Dass Sie und jeder andere Mensch, aber ein ganz individuelles Lebenstempo besitzen, bleibt oft völlig außer Acht. Sich auf die eigenen Bedürfnisse besinnen und den für sich passenden Lebensstil zu finden, sollte Ihre Bestimmung sein. Und nicht anderen Menschen imponieren zu wollen, weil diese Sie sonst verurteilen könnten.

Das eigene Lebenstempo finden:

- Lassen Sie sich bloß nicht von anderen Menschen durch Ihr Leben hetzen und hören Sie nicht darauf, wenn Ihnen jemand seine Erwartungen aufzwängen will. Sie entscheiden, wann Sie etwas tun und ob Sie etwas tun.
- Ob Sie schon Kinder, ein Haus gebaut oder ein Auto gekauft haben, spielt absolut keine Rolle. Für Sie sollte an erster Stelle Ihre Zufriedenheit stehen. Selbst, wenn Sie sich allein in einem Wohnwagen mit Hund glücklich fühlen, brauchen Sie an Ihrer Situation auch nichts zu ändern, nur weil es anderen Menschen nicht gefällt. Sie erschaffen Ihren persönlichen Lebenstraum.
- Stoppen Sie Ihr Lebenstempo bewusst und schöpfen Sie Kraft, indem Sie Pausen einlegen und sich dabei nur auf sich selbst konzentrieren.
- Verläuft Ihr Leben nicht nach Ihren Vorstellungen, etwa, weil Sie einen Rückschlag erleiden mussten, versuchen Sie trotzdem das Beste aus Ihrem Leben herauszuholen. Die große Gesangskarriere ist leider durch eine Trennung mit Kindern nicht mehr möglich? Dann singen Sie mit Ihren Kindern und tun Sie alles dafür, dass Sie zusammen Spaß haben.
- Üben Sie sich in Langsamkeit. Gehen Sie den Tag langsam an und seien Sie in allem, was Sie tun, achtsam. Führen Sie all Ihre Arbeiten ruhig und sorgsam aus. Sie werden tatsächlich effektiver arbeiten können und mehr erreichen, wenn Sie Stress nicht zulassen. Hektik ist der Feind der Produktivität.
- Lassen Sie auch einmal Langeweile zu. Setzen Sie sich auf das Sofa und tun Sie einen Tag lang mal gar nichts. Sie müssen nicht ständig beschäftigt sein. Ihr Gehirn und Ihr Körper benötigen eine Pause von den täglichen Strapazen.

- Überlegen Sie, wie zufrieden Sie mit Ihrem jetzigen Leben sind. Gibt es Dinge, die Sie gerne ändern möchten? Versuchen Sie mithilfe eines Brainstormings herauszufinden, an welchen Stellschrauben Sie drehen müssen, damit Ihr Konzept funktioniert. Schreiben Sie dazu alle Punkte auf ein Blatt Papier und notieren Sie sich Ihre Lösungswege.
- Welche Art Mensch sind Sie? Sind Sie eher energiegeladen und stets in Bewegung, oder lieben Sie es gemütlich und ruhig? Denken Sie darüber nach und versuchen Sie einen Weg zu finden, Ihr Lebenstempo daran anzupassen. Beispielsweise können Sie morgens für mehr Ruhe sorgen, indem Sie früher aufstehen, oder wenn Sie sich auspowern möchten, vor der Arbeit eine Runde joggen gehen.
- Legen Sie fest, welches Rollenbild Sie verkörpern wollen. Sind Sie eine erfolgreiche Geschäftsfrau, ein fürsorglicher Vater, eine spirituelle Seele oder ein Sportler? Welche Rolle möchten Sie in Ihrem Leben einnehmen? Leben Sie diese Rolle auch aus und lassen Sie sich nicht in eine andere hineinzwängen.
- Versuchen Sie, Ihr Leben mithilfe eines Lebenstempo-Reglers zu skizzieren. Wie würden Sie Ihr Lebenstempo zurzeit einordnen? Ist es momentan zu schnell oder zu langsam für Sie? Überlegen Sie dann, wie Sie das Tempo mithilfe bestimmter Handlungen reduzieren oder erhöhen können. Schreiben Sie auf, wie Sie das Tempo in Zukunft anpassen möchten.

WARUM MAN NUR MIT SICH SELBST KONKURRIERT

So wie die Gesellschaft Vorstellungen von den Menschen hat, stellen auch Sie bestimmte Erwartungen an sich selbst. Nicht immer gehen die Impulse von anderen Menschen aus. Der größte Kritiker in Ihrem Leben sind nämlich Sie selbst. Bestimmt haben Sie sich schon mehrfach selbst unter Druck gesetzt, weil Sie unbedingt ein selbstgestecktes Ziel erreichen wollten. Oder Sie haben Ihre Bedürfnisse ignoriert, nur damit Sie erfolgreich sind. Sind Sie schon einmal beim nicht Erreichen Ihres Pensums zu hart mit sich selbst ins Gericht gegangen, obwohl dies nicht hätte, sein müssen? Dann ergeht es Ihnen wie vielen anderen Menschen. Ein Großteil der Schuld trägt hier wieder die Gesellschaft, denn diese versucht die Menschen in ein vorgefertigtes Muster hineinzudrängen. Das gelingt so gut, dass der Leistungsdruck nach einiger Zeit im Kopf eines jeden Menschen verankert ist. Somit stellen Menschen hohe Ansprüche an sich selbst und bemerken dabei gar nicht, wie sie sich immer weiter von ihren eigenen Wünschen und Zielen entfernen.

Übermäßige Selbstkritik kann sich zu einem gefährlichen Kampf gegen das eigene Ich entwickeln und negative Gefühle fördern. Daraus können sogar psychische Erkrankungen entstehen, die einem das Leben noch schwerer machen. Besonders wenn sich die übertriebene Selbstkritik das ganze Leben lang hindurchzieht, fühlen sich die Menschen dauerhaft minderwertig, unvollkommen und nutzlos.

Wenn wir ehrlich sind, nutzen wir kaum konstruktive Selbstkritik im Dialog mit uns selbst. Dies rührt vom ausgeprägten Konkurrenzdenken und treibt uns Menschen dazu, Verbesserungen anzustreben und bei allem der Gewinner zu sein. Wir konkurrieren also mit unseren eigenen Vorstellungen und unserem Idealbild. Meist ist dieses Idealbild so verzerrt, dass es mit der Realität wenig zu tun hat. Vielleicht standen auch Sie schon einmal vor dem Spiegel und haben sich kritisch beäugt. Hier eine Falte zu viel und dort ein Fettpölsterchen zu viel oder die Beine könnten dünner sein. Würden Sie Ihre Mitmenschen tatsächlich auch so scharf kritisieren, wie Sie es mit sich selbst tun? In Wahrheit wohl kaum. Aber Ihr innerer Kritiker verstummt nie und so kommt es, dass Sie immer etwas an sich auszusetzen haben. Das ist sehr schade, denn bestimmt leisten Sie gute Arbeit, machen Ihre Mitmenschen glücklich und sind ein liebenswürdiger Mensch. Warum, also sollten Sie sich selbst bekämpfen wollen? Letztendlich blockieren Sie sich nur selbst und können deshalb Ihr volles Potenzial nicht ausschöpfen. Es wird also Zeit, dass Sie dem inneren Kritiker den Kampf ansagen und sich nicht von ihm beeinflussen lassen.

So bringen Sie Ihren inneren Kritiker zum Schweigen:

- Zeigen Sie Ihrem Kritiker die rote Karte, indem Sie ihm mitteilen, dass Sie anderer Meinung sind als er.

Beispiel:

Kritiker: „Du schaffst das nicht!"

Sie: „Stopp! Da bin ich aber anderer Meinung. Ich kann alles schaffen."

- Sehen Sie Ihren inneren Kritiker als Schutzmechanismus an. Er will Sie vor Niederlagen bewahren und Ihnen nur den sichersten Weg aufzeigen. Da der sicherste Weg nicht immer der Beste ist, müssen Sie ihn davon überzeugen Ihnen zu vertrauen.

Beispiel:

Kritiker: „Du darfst keine Fehler machen, sonst verurteilen sie dich."

Sie: „Aus Fehlern lernt man und ich weiß genau, was ich tue."

- Sie können den inneren Kritiker jederzeit verändern. Er ist nur ein Spiegel Ihres Selbstbewusstseins und Sie sollten ihm nicht so viel Raum schenken. Ansonsten könnte er Sie kontrollieren und dafür sorgen, dass Ihr Selbstbewusstsein darunter leidet.

Ihre Gedanken können positiv beeinflusst werden, indem Sie sich nicht einer pessimistischen Denkweise hingeben.

Beispiel:

Kritiker: „Du wirst niemals Erfolg haben, weil du kein Talent besitzt."

Sie: „Ich bin zwar nicht perfekt, aber ich kann alles erreichen, wenn ich fest an mich und meine Fähigkeiten glaube."

Ikigai: Mit dem Sinn des Lebens gehen

Wenn Sie sich mit der Kintsugi-Philosophie beschäftigen, werden Sie irgendwann auf den Begriff **Ikigai** stoßen. Kintsugi und Ikigai sind unweigerlich miteinander verbunden. Kintsugi lässt die Narben des Lebens sichtbar werden und kann dem Menschen sein ganz persönliches Lebensziel, auch Ikigai genannt, näherbringen. Aus Fehlern oder Krisen heraus kann sich eine Berufung, eine Leidenschaft aufzeigen, die zuvor verborgen war. Ohne die schmerzlichen

Erfahrungen im Leben bliebe vielleicht so manches Ikigai unentdeckt. Mit der japanischen Kintsugi-Philosophie kann der Mensch sein Ikigai wiederfinden. Kintsugi zeigt nämlich auf, dass die Scherben im Leben ein Erneuerungsprozess sind und sich aus Rückschlägen durchaus der Lebenssinn herauskristallisieren kann. Oder es entstehen neue Möglichkeiten der Selbstentfaltung, die vor einer Krise nicht präsent waren. Nicht selten kann, aus einer Niederlage heraus, eine Idee entstehen, die eine neue Leidenschaft im Menschen entfacht.

Beispiel:
Jahrelang hatte Sebastian ein Drogenproblem und lebte in den Tag hinein. Er hatte keine Perspektive und auch sonst gab es in seinem Leben kaum etwas, dass ihm Freude bereitete. Sein Leben änderte sich schlagartig, als sein bester Freund an einer Überdosis starb. Sebastian schwor sich daraufhin, es nicht so weit kommen zu lassen und er entschied sich für ein Anti-Drogenprogramm, dass er mithilfe eines ehrenamtlichen Vereins hinter sich brachte. Dort lernte er viele Menschen kennen, die ihm Mut machten und ihm halfen, aus der Drogenszene herauszukommen. Sebastians Herzenswunsch war es ebenfalls anderen Menschen zu helfen, gegen die Drogensucht anzukämpfen. Er erkannte, dass er eine Mission erfüllen musste, die seinem Leben wieder einen wunderbaren Sinn gab.

Ikigai kommt aus dem Japanischen und bedeutet übersetzt „der Lebenssinn“. Es geht darum, in seinem Handeln und seinem Sein einen tieferen Sinn zu finden. Ziel ist es wiederum die Lebensfreude zu aktivieren und vollständige Zufriedenheit zu erlangen. Die japanische Kultur beschäftigt sich sehr intensiv mit Lebensfragen und dem Streben nach einem langen, erfüllten Leben. Die japanischen Inselbewohner von Okinawa sollen demnach zu den glücklichsten Menschen der Welt zählen, weil Sie mit Ihrer besonderen Lebensweise Glück und Zufriedenheit anziehen. Einige Inselbewohner erreichen sogar ein Alter von über hundert Jahren, weil Sie Ihren Weisheiten treu geblieben sind und sich nicht in ein bestimmtes Leben haben, drängen lassen. Auch Ikigai gehört zu diesen Lebensweisheiten und wird dort mit Kintsugi von Generation zu Generation weitergeben. Das macht Ikigai so interessant und deshalb lohnt es sich, nicht nur ein Augenmerk auf Kintsugi zu werfen. Damit Sie Ikigai besser verstehen, richten wir den Blick auf die vier Grundelemente, welche die Suche nach dem Lebenssinn erleichtern.

Die vier Elemente des Ikigai

1) Was Sie lieben und gerne tun

2) Was die Welt von Ihnen benötigt

3) Womit Sie Geld verdienen können

4) Worin Sie talentiert sind

Die Schnittmengen der Elemente ergeben ein bestimmtes Grundbedürfnis. Alle Elemente fügen sich zu einem Gesamtbild zusammen und bilden Ihr persönliches Ikigai.

1) Die Schnittmenge aus den Punkten 1+2 zeigt Ihre persönliche Mission

2) Die Schnittmenge aus den Punkten 2+3 zeigt Ihre Berufung

3) Die Schnittmenge aus den Punkten 3+4 zeigt Ihren perfekten Beruf

4) Die Schnittmenge aus den Punkten 4+1 zeigt Ihre große Leidenschaft

Nimmt man nun alles zusammen, entsteht Ihr persönlicher Ikigai. Der Grund, für den es sich zu leben lohnt. Ihr Lebensmittelpunkt, der Ihnen Zufriedenheit schenkt und Sie zu einem glücklichen Menschen werden lässt. Um Ihren Ikigai zu finden, brauchen Sie Geduld und womöglich kann es sogar etwas dauern, bis Sie ihn wirklich gefunden haben. Auch kann es sein, dass sich Ihr Lebenssinn mit der Zeit völlig verändert. Der alte Ikigai wird durch einen neuen abgelöst, weil sich Ihre Lebensumstände drastisch verändert haben. Zu wissen, welche Dinge Ihnen Freude bereiten, sind in jedem Lebensabschnitt ein Erfolgsgarant, um Ihren Ikigai zu finden. Manchmal ist es jedoch nicht so einfach seinen Ikigai zu finden, weil Sie zu sehr mit anderen Dingen beschäftigt sind. Stress kann hier eine Blockade auslösen und Sie daran hindern, Lebensfreude zu empfinden.

Übung: So finden Sie Ihr persönliches Ikigai

Denken Sie bei dieser Übung bitte nicht zu viel nach, sondern beantworten Sie die Fragen aus dem Bauch heraus. Nur so werden Sie Ihren Lebenssinn erkennen. Ihre Antworten sollten aus tiefstem Herzen kommen und ehrlich sein. Verstellen Sie sich nicht oder versuchen Sie, die Werte anderer Menschen miteinfließen zu lassen. Es geht hier nur um Sie und Ihren persönlichen Ikigai. Ihren Lebenssinn, für den Sie jeden Tag aufstehen und für den es sich lohnt zu leben.

1) Nehmen Sie einen Stift und ein Blatt Papier zur Hand. Übertragen Sie, wenn möglich, die vorherige Beispielzeichnung und füllen Sie dann für sich die vier Elemente des Ikigai aus. Beantworten Sie die folgenden Fragen zu den vier Elementen.

- Was tun Sie gerne? Welche Aktivitäten würden Sie auch ohne Bezahlung ausführen und wobei können Sie völlig die Zeit vergessen?
- Was könnte die Welt von Ihnen brauchen? Womit könnten Sie nachfolgende Generationen begeistern? Was fehlt noch in der Welt, was Sie zu bieten haben?
- Womit können Sie Geld verdienen? Welche Aktivitäten wären für Sie ein lukratives Geschäft? Welche Möglichkeiten könnten sich beim Geld verdienen noch für Sie ergeben?
- Welche Talente besitzen Sie? Worin sind Sie den meisten Menschen überlegen? Welche Talente könnten Sie noch weiter ausbauen und perfektionieren?

2) Schauen Sie sich nun die Schnittmengen genau an und überlegen Sie, was in den entstandenen Bereichen auf Sie zutrifft. Wenn sich die Bereiche überschneiden und Sie die vorherigen Fragen beantworten konnten, sind Sie Ihrem Ikigai schon viel nähergekommen.

- Mission: Die Aufgabe, die Sie im Leben haben, um anderen Menschen helfen zu können.
- Beruf: Mit Ihrem Beruf verdienen Sie Geld. Im Idealfall ist er identisch mit Ihrer Berufung, doch beides kann auch sehr unterschiedlich ausfallen.
- Berufung: Arbeiten, für die Sie bezahlt werden könnten und die Ihnen sehr am Herzen liegen.
- Leidenschaft: Dies sind all die Dinge, für die Sie sich wirklich begeistern und bei denen Sie sehr talentiert sind. Meist sind dies Hobbys, denen Sie schon jahrelang nachgehen.

3) Fehlt in irgendeinem Bereich eine Antwort oder überschneiden sich nur drei Bereiche, fühlen Sie sich nicht erfüllt und haben Schwierigkeiten einen Sinn in Ihrem Handeln zu erkennen. Eine gewisse Leere tritt auf, die Sie nur füllen können, wenn Sie Veränderungen zulassen. Hier sollten Sie darüber nachdenken, in welchen Lebensbereichen Sie unzufrieden sind und genau in sich hineinhorchen. Fragen Sie sich, was Sie wirklich im Leben erreichen wollen? Was Ihnen wichtig ist. Überschneiden sich alle vier Bereiche, haben Sie Ihr Ikigai gefunden und können sich glücklich schätzen. Sie halten den Schlüssel für Ihr persönliches Glück in den Händen und können Ihrem Lebenssinn nachgehen. Jetzt gilt es nur noch nicht von diesem abzuweichen und fokussiert zu bleiben.

IM EINKLANG MIT SICH SELBST

Ihr persönliches Ikigai zu finden, ist keine einfache Aufgabe. Haben Sie es bereits gefunden, müssen Sie einige Punkte beachten, damit Sie Ihr Ikigai nicht wieder verlieren. Um ein glückliches Leben zu führen, müssen Sie auf sich selbst achten und oft einen Gang zurückschalten. Stressreduktion und eine neue Lebenseinstellung verhelfen Ihnen zu mehr Entspannung und Gelassenheit. Die zehn Grundregeln des Ikigai helfen Ihnen dabei.

Die zehn Regeln des Ikigai

1) Bleiben Sie aktiv

Wenn Sie damit aufhören, Ihrer Leidenschaft nachzugehen, vernachlässigen Sie auch sich selbst. Sorgen Sie immer dafür, dass Sie Dinge tun, die für Sie sinnvoll sind. Wenn Sie das Bedürfnis nach einem Hobby haben oder Sie nach einer beruflichen Weiterbildung streben, dann zögern Sie nicht, Ihr Vorhaben in die Tat umzusetzen. Bleiben Sie in Bezug auf Ihren Lebenssinn immer aktiv und versuchen Sie stets Ihr Leben nach Ihren Regeln zu gestalten.

2) In der Ruhe liegt die Kraft

Die Zeit vergeht immer gleich schnell und dass, auch wenn Sie sich durchs Leben gehetzt fühlen. Hektik verringert die Lebensqualität und sorgt auch dafür, dass Sie letztendlich Fehler machen. Die Folge ist, Sie müssen bestimmte Vorgänge wiederholen oder benötigen noch mehr Zeit, um Fehler zu beheben. Zusätzlich ist der Ärger, den Sie dann verspüren, alles andere als produktiv. Atmen Sie durch, wenn Sie sich in einer Stresssituation befinden und bewahren Sie zunächst einen kühlen Kopf. Wenn Sie mit Ruhe und Bedacht vorgehen, erreichen Sie viel mehr. Versuchen Sie deshalb alle Aufgaben, sie Sie bewältigen müssen, aufmerksamer und sorgfältiger auszuführen.

3) Essen Sie achtsamer

Mit übervollem Magen fühlen Sie sich nicht wohl und auch Ihr Denkvermögen wird durch eine zu hohe Nahrungsaufnahme eingeschränkt. Mit der 80 % Regel können Sie Ihren Körper entlasten und ihm helfen aktiv zu bleiben. Sie essen nur so viel, bis Sie ein leichtes Sättigungsgefühl verspüren. Danach hören Sie auf zu essen. Natürlich sollten auf Ihrem Speiseplan möglichst gesunde Nahrungsmittel zu finden sein, aber grundsätzlich ist es bei dieser Regel nicht wichtig, was Sie essen, sondern eher wie viel Sie von einem Nahrungsmittel zu sich nehmen. Zudem sollten Sie jeden Bissen, den Sie zu sich nehmen, genießen und bewusst wahrnehmen. Der herrliche Schmelz der Schokolade ist Ihnen noch nie so aufgefallen? Den Duft der frischen Gemüsesuppe haben Sie vorher noch nie so intensiv wahrgenommen? Setzen Sie sich mit Ihrem Essen genussvoll auseinander und entdecken Sie, wie wohltuend Essen für den Körper sein kann. Sie kommen der Zufriedenheit dann immer näher.

4) Umgeben Sie sich mit Ihren Liebsten

Ein stärkendes Umfeld ist sehr wichtig in Ihrem Leben. Die Menschen um Sie herum sollten Ihnen Kraft schenken und möglichst mit Ihnen harmonieren, damit Sie sich wohlfühlen können. Umgeben Sie sich nur mit Menschen, die Ihnen am Herzen liegen und verbringen Sie mit diesen Menschen besonders viel Zeit. Anstrengende und negative Menschen sollten Sie möglichst vermeiden oder zumindest den Kontakt zu diesen Energieräubern drastisch einschränken.

5) Halten Sie sich fit

Bewegung hält jung und fördert die Gesundheit. Auch, wenn es Ihnen manchmal schwerfällt Sport zu treiben oder zumindest mehr Aktivität in Ihr Leben zu bringen, sollten Sie es unbedingt versuchen. Sie werden für Ihre Anstrengungen mit guter Laune und einem besseren Wohlbefinden belohnt. Übrigens, auch Ihr Gehirn braucht ab und an ein bisschen Bewegung, damit es einwandfrei funktionieren kann. Eine kleine Joggingrunde an der frischen Luft gibt Ihrem Gehirn einen zusätzlichen Powerschub.

6) Lächeln Sie öfter

Das Leben wird viel positiver, wenn Sie es mit Lachen füllen. Versuchen Sie Ihren Tag mit einem Lächeln zu beginnen, auch wenn Sie dazu gerade nicht in der Stimmung sind. Die hochgezogenen Mundwinkel suggerieren Ihrem Unterbewusstsein Freude und sorgen automatisch für gute Laune. Erwiesenermaßen wirkt ein Lächeln auf Mitmenschen sehr anziehend und ansteckend. Wenn Sie also jemanden ein Lächeln schenken, verbessern Sie nicht nur Ihren Tag, sondern auch den Ihres Gegenübers.

7) Schätzen Sie die Natur

Die Natur ist wertvoll und entschleunigend. Sie kann Ihnen wieder neue Energien senden, wenn Sie mit ihr bewusst in Kontakt treten. Nach einem anstrengenden Tag Zeit in der Natur zu verbringen, kann äußerst heilend und wohltuend sein. Gehen Sie deshalb oft an die frische Luft, spazieren durch den Wald oder setzen sich gemütlich in den Garten. Beobachten Sie, was die Natur Ihnen zu bieten hat und nehmen Sie möglichst viele Details wahr. Schnell werden Sie zur Ruhe kommen und Entspannung finden.

8) Seien Sie dankbar

Jeden Morgen sollten Sie es sich zur Gewohnheit machen, Dinge aufzuzählen, für die Sie dankbar sind. Integrieren Sie ein kleines Dankbarkeitsritual in Ihren Alltag, indem Sie ein Dankbarkeitstagebuch führen oder sich eine kleine Liste anfertigen. Wichtig ist, dass Sie die Dankbarkeit wieder in Ihr Leben miteinfließen lassen. Bedanken Sie sich bei sich selbst und auch bei anderen Menschen. Das macht Sie glücklich und bringt auch anderen Menschen Wertschätzung entgegen, was für ein harmonisches sowie respektvolles Miteinander wichtig ist.

9) Leben Sie im Hier und Jetzt

Die Vergangenheit holt Sie immer wieder ein und blockiert Sie? Dann ist es an der Zeit Ihre Vergangenheit ruhen zu lassen, denn Sie können diese nicht mehr ändern. Schließen Sie mit Ihren Altlasten ab und lernen Sie loszulassen. Konzentrieren Sie sich auf die Gegenwart und kosten Sie jeden Moment aus. Vermeiden Sie es auch, sich zu sehr auf die Zukunft zu beschränken. Sie können die Zukunft zwar beeinflussen, aber letztendlich nicht bis ins kleinste Detail planen. Beschränken Sie sich lieber auf den jeweiligen Tag, den Sie möglichst so sinnvoll und wertvoll gestalten, dass Sie ihn in guter Erinnerung behalten. War ein Tag leider nicht so erfolgreich, ärgern Sie sich bitte nicht. Der nächste Tag wird wieder viele neue Überraschungen für Sie bereithalten. Bleiben Sie stets neugierig und sehen Sie der Zukunft entspannt entgegen.

10) Folgen Sie Ihrem Ikigai

Wenn Sie Ihr persönliches Ikigai, also Ihr Lebensziel gefunden haben, dann leben Sie unbedingt danach. Es wird Ihr Leben vollkommen bereichern und Sie zu einem glücklichen Menschen machen. Lassen Sie sich nicht von anderen Menschen abhalten, Ihr Ikigai auszuleben. Das Ikigai ist für Ihr Seelenheil unverzichtbar und Sie können sich glücklich schätzen, Ihre Berufung gefunden zu haben. Sind Sie noch auf der Suche nach Ihrem Ikigai, nehmen Sie sich alle Zeit der Welt, um es zu finden. Folgen Sie Ihrer inneren Stimme und blenden Sie die Meinung anderer Menschen aus. Es ist Ihre Leidenschaft und nicht die einer anderen Person. Genauso müssen Sie das Ikigai eines anderen Menschen nicht teilen, nur weil er es Ihnen gut verkauft.

DER WELT DIE EIGENEN GABEN SCHENKEN

Wer seinen Lebenssinn gefunden hat, kann für das Zusammenleben aller Menschen eine wahre Bereicherung sein. Ein zufriedener Mensch strahlt eine Faszination aus, die andere Menschen dazu bewegen kann, es ihm gleichzutun. Und damit ist nicht das Verbreiten von Dogmen oder Philosophien gemeint, sondern das Realisieren der eigenen Einzigartigkeit. Wenn Sie beispielsweise jemandem aufrichtig zeigen, dass Sie mit sich im Reinen sind, wird er sich fragen, wie er diesen Zustand des Glücks ebenfalls erreichen kann. Sie inspirieren diese Person dazu, das eigene Leben zu überdenken und für sich den richtigen Weg einzuschlagen. Es ist also nicht nur für Sie großartig den Sinn hinter Ihren Handlungen zu erkennen, sondern auch für andere Menschen eine große Bereicherung. Doch wie können Sie Ihre Berufung finden und zusätzlich der Welt etwas wiedergeben?

Die Antwort ist ganz einfach. Indem Sie sich darauf konzentrieren, wer Sie wirklich sind und was Sie der Welt zu schenken bereit sind. Es gibt immer Themen, die einem Menschen besonders am Herzen liegen. Diese Themen, besonders wenn sie sich schon in jungen Jahren gefestigt haben, sollten nicht vernachlässigt werden. Hier zeigt sich meist, welche Werte ein Mensch besitzt und auch im Laufe des Lebens nie komplett ablegen wird. Beispiele für Herzensangelegenheiten gibt es demnach viele:

- Sie können sich beispielsweise für bestimmte Vereine oder Organisationen starkmachen. Egal ob Tierschutz, Prävention gegen Gewalt oder Obdachlosenhilfe, wichtig ist, dass Sie mit Herzblut bei der Sache sind.
- Vielleicht möchten Sie auch Mitmenschen aus Ihrer Nachbarschaft unterstützen oder sich als Ansprechpartner für spezielle Bereiche anbieten.
- Sind Sie politisch engagiert, können Sie sehr viel für die Gemeinschaft tun und auf die Wünsche der Bürger eingehen.

- Auf künstlerischer Ebene haben Sie die Möglichkeit, andere Menschen mit Ihrer Kunst zu inspirieren und so Ihre persönliche Botschaft zu verbreiten.
- Sie können all Ihre Talente nutzen, um anderen Menschen zu helfen. Wenn Sie diese Talente selbstlos einsetzen, schenken Sie Ihrer Welt viel Liebe. Diese Liebe werden Sie bestimmt auch zurückerhalten.
- Wenn Sie sich nicht sicher sind, wie Sie der Welt etwas zurückgeben können, brauchen Sie nur zu überlegen, welche Rolle Sie im Universum spielen könnten. Lag Ihnen schon immer die Umwelt am Herzen, kann dies ein Zeichen dafür sein, dass Sie in diesem Bereich eine wertvolle Stütze sein können.

Ihre Gefühle können bei der Suche nach dem Sinn Ihres Handelns, sehr aufschlussreich sein. Überhaupt ist der Sinn des Lebens nur mit viel Geduld, Einfühlungsvermögen und Selbsterkenntnis möglich. Einfach einen Sinn zu beschließen, wird Sie in Ihrer Persönlichkeitsentwicklung nicht weiterbringen. Die Antwort muss aus Ihrem tiefsten Herzen kommen und Sie mit Freude erfüllen, wenn Sie nur daran denken.

DER BOTSCHAFT DES HERZENS FOLGEN – THE HIGHEST EXCITEMENT

Sie können Ihre Lebensqualität nicht nur mit der Suche nach Ihrem Ikigai steigern, sondern auch mit der Philosophie des „highest excitement".

> Der Begriff „highest excitement" bedeutet übersetzt hohe Begeisterung und bezieht sich darauf, dem eigenen Leben einen Hauch von Besonderheit zu verleihen.

Selbst, wenn sich Ihr Leben momentan weniger spannend gestaltet, kommt es doch auf Ihre eigene Perspektive an. Sie können Ihr Leben entweder als langweilig und sinnlos betrachten oder Sie kreieren aus Ihrem Leben eine wunderbare Geschichte. Eine Geschichte, bei der Sie Ihrem Herzen folgen und alles daransetzen glücklich zu werden. Dazu gehört, dass Sie von einer positiven Zukunft träumen, sich selbst lieben lernen und Ihrem Herzenswunsch nachgehen.

Die Welt ist schnelllebiger geworden und allzu leicht gehen die Botschaften Ihres Herzens im Trubel des Alltags verloren. Diese Botschaften werden von Verpflichtungen, Stress und Leistungsdruck überschattet. Das sorgt dafür, dass Sie sich selbst nicht mehr richtig wahrnehmen können. Ihre Bedürfnisse treten in den Hintergrund, sollten aber eigentlich omnipräsent sein.

Mit den folgenden Leitsätzen können Sie das Bewusstsein für Ihre Herzensbotschaften schärfen:

1) Versuchen Sie immer auf der Grundlage Ihrer höchsten Begeisterung zu handeln. In allem, was Sie tun, sollten Sie möglichst aufgeschlossen und neugierig bleiben.

2) Planen Sie Zeiten ein, die nur Ihrer Leidenschaft gehören. Tun Sie öfter mal Dinge, auf die Sie gerade Lust haben. Schöpfen Sie dann aber Ihr volles Potenzial aus, bis Sie den Höhepunkt erreicht haben.

3) Schrauben Sie Ihre Erwartungen herunter und lassen Sie sich ganz auf den Prozess ein. Sie werden erfolgreicher sein, wenn Sie sich nicht selbst unter Druck setzen.

4) Entscheiden Sie sich dafür, stets in einem positiven Zustand zu verweilen. Geben Sie Negativität keine Chance.

5) Arbeiten Sie dauerhaft an Ihren Glaubenssätzen und versuchen Sie diese so aktuell wie möglich zu halten. Optimieren Sie Ihre Affirmationen im Alltag und achten Sie darauf, dass Sie diesen auch folgen.

Wenn Sie lernen, auf Ihr Herz zu hören, können Sie sich selbst verwirklichen. Sie werden eine neue Stufe erreichen und sich in allen Lebensbereichen weiterentwickeln, wenn Sie verstehen, was die Botschaft in Ihrem Herzen Ihnen mitteilen möchte. Dazu müssen Sie aber auch zuhören und dürfen sich nicht von der Hektik Ihres Lebens überwältigen lassen. Somit sind Ihre Gefühle ein wichtiges Instrument, um mit Ihrem Herzen zu kommunizieren. In sich hineinzuhorchen, kann Ihnen Aufschluss darüber geben, was Sie wirklich wollen. Wenn Sie Ihre Herzensbotschaft entschlüsselt haben, müssen Sie nur noch dafür sorgen, dass sich Ihr Leben an Ihre Vorstellungen anpasst. Auch, wenn Sie sich manchmal kraftlos oder handlungsunfähig fühlen, dürfen Sie niemals aufgeben Ihrem Herzen zu folgen.

Es braucht manchmal nur einen kleinen Anreiz, damit Sie aktiv werden können.

> Mut für neue Situationen und Begeisterung für das Unbekannte aufzubringen, verleihen Ihrem Leben das gewisse Etwas.

Mehr Herz und mehr Gefühl sind heutzutage gefragter denn je. Die Menschen sehnen sich nach Zufriedenheit, Erfüllung und Glück, finden jedoch kaum einen Zugang zu dieser Welt, weil sich das Leben weniger um einen selbst dreht. Kaum jemand handelt intuitiv oder ist es gewohnt, seinem Herzen zu folgen, weil die äußeren Umstände es einfach nicht zulassen wollen. Der Verstand arbeitet auf Hochtouren, während das Herz beziehungsweise die Gefühle unter Verschluss gehalten werden. Gesund ist diese Lebensweise allemal nicht und bereichernd ist sie auch nicht. Sie können aber durchaus wieder lernen, mit dem Herzen zu sehen und Ihre Gefühle als Indikator nutzen, um Ihr Leben zu gestalten.

Mit den folgenden Tipps kommen Sie den Botschaften Ihres Herzens wieder näher:

- Ganz wichtig ist es, anderen Menschen mit Herz zu begegnen, anstatt sich nur auf Ihre Beobachtungen zu beschränken und womöglich vorschnell zu urteilen. Hinter jedem Menschen stecken nicht nur sein Erscheinungsbild und sein Handeln, sondern auch ganz viele Gefühle und Emotionen. Hinterfragen Sie deshalb beim nächsten Mal, die Beweggründe der Menschen, bevor Sie zu einem Urteil kommen.

- Ihr Verstand wird Ihnen immer mitteilen, was Sie besser nicht tun sollten. Ihr Herz allerdings weiß genau, was Sie sich wünschen und was vielleicht ein Versuch wert ist. Auch, wenn es für Sie ein Risiko darstellen kann, sollten Sie öfter mal die Gedanken ausschalten und auf Ihr Herz hören. Es setzt andere Prioritäten und kann Ihnen einen völlig neuen Weg aufzeigen.

- Lassen Sie Ihre Gefühle zu und zeigen Sie Emotionen, wenn Ihnen danach ist. Disziplin mag gut und schön sein, aber ein Mensch, der seine Mitmenschen an seiner Gefühlswelt teilhaben lässt, ist authentisch und wird als herzlich wahrgenommen. Emotionen machen einen Menschen aus und bauen Sympathien auf. Haben Sie also keine Angst davor, sich anderen Menschen zu öffnen, weil diese sie missverstehen könnten. Emotionen zeigen, wer Sie wirklich sind und wenn jemand ein Problem damit hat, gehört er vielleicht nicht zu Ihrem engeren Kreis dazu.

- Vertrauen Sie auf Ihre eigene Meinung und lassen Sie sich niemals von anderen Menschen beeinflussen. Sobald Sie merken, dass Sie manipuliert werden, hören Sie auf Ihr Herz. Fragen sich, ob Sie das jetzt wirklich tun möchten oder ob die Meinung einer anderen Person dahintersteckt.

- Wenn Sie für etwas brennen, können Sie auch andere Menschen dafür begeistern. Was aus Ihrem Herzen kommt, berührt auch die Herzen anderer Menschen. Sind Sie jedoch nur halbherzig bei der Sache, werden andere schnell das Interesse verlieren und Sie selbst ebenfalls.

„Fehler gibt es nicht“

Das Schmieden mit dem Gold des Lebens

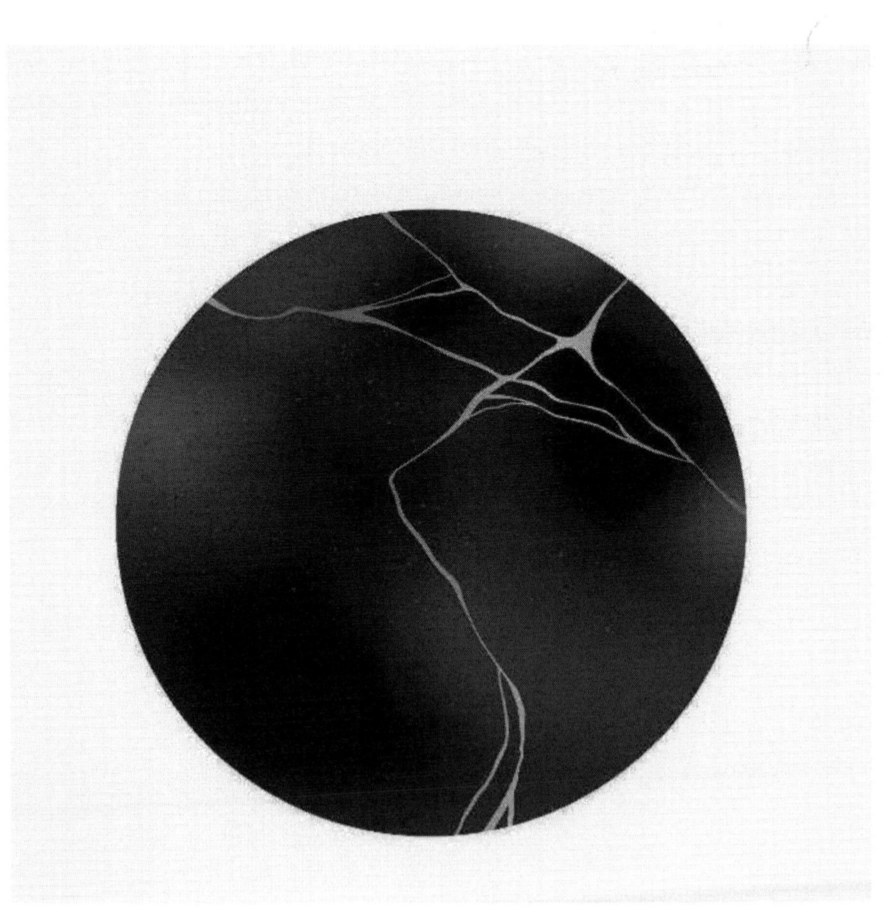

Laut Kintsugi sind Fehler eine Möglichkeit, etwas Sinnvolles zu erschaffen. Die japanische Töpferkunst beschäftigt sich nicht nur mit einem Handwerk an sich, sondern lässt sich auch auf den gesamten Lebensstil übertragen. Das Ziel ist ein langes, erfülltes Leben, bei dem der Fokus auf die positiven Seiten des Lebens gelenkt wird. Rückschläge sind dazu da, seinen eingeschlagenen Weg zu überdenken und sie dürfen keinesfalls als Versagen angesehen werden. Sonst kommt es zu erheblichen Einschränkungen in der Lebensqualität und die möchte man mithilfe der Kintsugi-Philosophie verbessern. Wichtig ist daher einen Blick auf das allgemeine Verständnis von Fehlern zu werfen und zu analysieren, weshalb Fehler immer noch als Katastrophe dargestellt werden. Sich selbst zu verzeihen und seine Qualitäten nicht an Fehlern zu messen, sind heutzutage schwierige Herausforderungen. Diese Herausforderungen können nur bewältigt werden, wenn der Mensch lernt, sich von allen Zwängen zu befreien. Das ist aber gar nicht so einfach, wenn man jederzeit mit Erwartungen und Ansprüchen der Außenwelt in Berührung kommt.

WIE BEMESSEN WIR FEHLER?

Es herrscht der allgemeine Glaube, dass ein Fehler grundsätzlich als falsch einzustufen ist. Obwohl kein Mensch perfekt ist, wird dennoch versucht jegliche Makel in irgendeiner Form zu verstecken oder auszumerzen. Das Traurige daran ist, dass die Menschen wirklich denken, sie dürften sich keine Fehltritte leisten, weil aus einem kleinen Problem, gerne ein großes Problem geformt wird. Aus einer Mücke einen Elefanten zu machen, hat sich in der Gesellschaft schon so gefestigt, dass viele Menschen Angst davor haben, Risiken einzugehen, um ein Ziel zu erreichen. Fehler sind eine vermeintliche Katastrophe und deshalb herrscht ein enormer Druck, der sich negativ auf die Menschen auswirkt. Klären wir zunächst einmal, was einen Fehler überhaupt ausmacht.

Nach der typischen Definition ist ein Fehler, eine Abweichung vom Idealzustand, die durch ein falsches Verhalten oder eine Fehlentscheidung/Fehlfunktion ausgelöst wurde. Anforderungen können nicht erfüllt werden, weil es zu einer Störung der Normen, Werte oder einem Ziel gekommen ist.

Schon die allgemeine Erklärung eines Fehlers ist negativ behaftet und Fehler werden allgemein hin als unerwünscht angesehen. Um einen Fehler zu erkennen, ist immer eine Bewertung und eine Erwartungshaltung notwendig. Ohne diese Faktoren würde ein Fehler nicht als solches erkannt werden. Eine Fehleranalyse kann konstruktiv, also positiv geschehen, aber auch destruktiv, also negativ sein. Das bedeutet, es kommt immer darauf an, wie mit Fehlern verfahren wird und in welche Richtung sich die darauffolgende Kritik bewegt.

Oftmals erntet man heutzutage wenig konstruktive Kritik oder aufbauende Ansätze im Umgang mit Fehlern, was wenig zur Weiterentwicklung beiträgt. Obwohl es die Möglichkeit gibt, mit Konstruktivität neue Denkanstöße in Bewegung zu setzen, entscheiden sich viele Menschen dazu, Fehler als negativ einzustufen. Dabei sind Fehler, wenn man diese genauer betrachtet, gar keine Fehler. Wir Menschen denken nur, dass ein Fehler etwas Störendes, ja gar Bedrohliches sein muss, weil er gewohnte Abläufe unterbricht und für Unruhe sorgt. Doch diese Unterbrechung kann dazu dienen, innezuhalten und eine völlig neue Sichtweise eröffnen. Oftmals kann aus einem Fehler sogar eine herausragende Innovation entstehen. Viele Erfinder sind durch Zufall auf eine bahnbrechende Neuentdeckung gestoßen, eben weil es zu Anwendungsfehlern oder Fehlentscheidungen kam. Aus vermeintlich störenden Unterbrechungen kann somit auch etwas Positives geformt werden.

Fehler sind demnach nicht schlecht, sondern können vorhandenes Potenzial ausbauen oder sogar in eine andere Richtung lenken.

Haben Sie sich schon einmal gefragt, wie Sie mit Ihren eigenen Fehlern oder den Fehlern anderer Menschen umgehen? Sind Sie zu streng und können nur schwer ertragen, wenn etwas nicht nach Plan verläuft? Mit den folgenden Fragen können Sie sich in Bezug auf Ihre Fehlerkultur besser kennenlernen. Sie benötigen wieder etwas zu Schreiben und einen ruhigen Moment, um sich selbst zu reflektieren.

?

Fragen, die Sie sich im Umgang mit Fehlern stellen können:

- Wie würde ich die Schwere meiner Fehler auf einer Skala von 1 bis 10 einstufen?
(1= niedrig/10= schwerwiegend)
- Wie gehe ich selbst mit Fehlern um?
- Welche Gefühle lösen Fehler in mir aus?
- Was bin ich bereit zu tun, um Fehler zu vermeiden?
- Wie gehe ich mit Fehlern anderer Menschen um?
- Was erwarte ich von anderen, wenn sie einen Fehler begangen haben?
- Was erwarte ich von mir, wenn mir ein Fehler unterläuft?
- Was wird von mir nach einem Fehler erwartet?
- Warum fühlen sich Fehler für mich schlecht an?
- Welche Möglichkeiten bieten sich mir durch meine Fehlentscheidungen?
- Was kann ich aus meinen Fehlern lernen?
- Welche positiven Erfahrungen habe ich, in der Vergangenheit, in Bezug auf Fehler, machen können?

SICH SELBST VERZEIHEN

Der wohl schwierigste Teil bei der Persönlichkeitsentwicklung ist es, sich selbst um Vergebung zu bitten. Wie auch sollen wir Menschen lernen zu verzeihen, wenn wir in allem, was wir tun, den erhobenen Zeigefinger entgegengestreckt bekommen. Die Kirche gibt uns schon bei der Entstehungsgeschichte die Schuld für unser menschliches Versagen. Und auf die Sünde folgt zuerst immer die Sühne, bevor überhaupt von Vergebung gesprochen wird. Schuldgefühle treten ein und der Mensch verspürt Verachtung gegen sich selbst.

Es hat sich in unserer Gesellschaft mittlerweile normalisiert, dass auf ein Fehlverhalten immer eine Strafe oder eine negative Konsequenz folgen muss. Fehler werden regelrecht verteufelt und per se als schlecht angesehen. Wer also Fehler macht, trägt automatisch die Schuld und wird nicht selten dafür an den Pranger gestellt. Nehmen wir zum Beispiel prominente Personen, die sich in aller Öffentlichkeit einen Fehltritt erlauben. Oft werden diese Menschen aufs Schärfste kritisiert, müssen sich vor der ganzen Welt rechtfertigen und bekommen von außen einen negativen Stempel aufgedrückt. Wen wundert es also, wenn diese Menschen mit Selbstzweifeln und Schuldgefühlen zu kämpfen haben? Sich selbst zu verzeihen, fällt besonders schwer, wenn die Außenwelt keine Vergebung zulässt.

Dabei gibt es viele Menschen, die erst durch Ihre Fehler erfolgreich geworden sind oder sich weiterentwickeln konnten.

Beispiele:
Nehmen wir zum Beispiel Berühmtheiten wie Elon Musk, Albert Einstein, Thomas Alva Edison und Walt Disney. Diese Menschen konnten nur durch Ihre Fehleinschätzungen beziehungsweise ihre Niederlagen dazulernen und sich so verbessern. Ohne diese Fehler würden wir diese Namen heute wahrscheinlich kaum kennen.

Deshalb ist es umso wichtiger, sich und auch anderen Menschen Fehler zu verzeihen. Niemand ist perfekt und muss dies auch gar nicht sein. Falsche Entscheidungen gehören zum Leben dazu und sind vielmehr ein Antreiber dafür, die Dinge noch einmal in verbesserter Form zu versuchen.

Frieden mit sich selbst zu schließen, ist sinnvoller, als sich dauerhaft Schuldgefühle einzureden. Davon wird Ihre Situation sich auch nicht ändern. Wenn Sie sich erlauben, Fehler zu machen, müssen Sie sich hinterher weniger bei sich selbst entschuldigen. Sie können sich entweder jahrelang selbst bestrafen und sich schlecht fühlen oder Sie würdigen die Schwere Ihrer Fehler und blicken nach vorne. Letzteres wird Sie sicherlich weniger Energie kosten und gleichzeitig glücklicher machen. Wie Sie sich selbst verzeihen können, lernen Sie mit den folgenden Schritten:

Gestehen Sie sich und anderen Fehler ein!

Kennen Sie einen Menschen, der absolut fehlerfrei ist? Nein? Gut, denn diesen Menschen werden Sie auch niemals finden, weil es ihn nicht gibt. Fehlentscheidungen werden sich durch Ihr gesamtes Leben hindurchziehen und es werden Ihnen auch immer Fehler bei anderen Menschen auffallen. Die Frage ist nur, wie Sie damit umgehen wollen. Tun Sie sich selbst einen Gefallen und verzichten Sie beim nächsten Mal darauf, jemanden für seine Fehler zu kritisieren. Weisen Sie lediglich darauf hin, dass ein Fehler entstanden ist, aber urteilen Sie nicht mehr darüber. Weder bei Ihnen, noch bei anderen. Je entspannter Sie mit Fehlern umgehen, desto leichter fällt es Ihnen, sich selbst zu verzeihen. Wichtig ist, dass Sie den Fehler wahrnehmen und analysieren, denn nur so können Sie daraus Ihre Schlüsse ziehen. Gestehen Sie sich selbst Ihre Fehler ein, haben Sie die Chance genau an diesem Punkt anzuknüpfen und bessere Entscheidungen zu treffen.

Fokussieren Sie sich auf positive Seiten!

Wenn Sie einen Fehler machen, heißt das nicht direkt, dass Sie als Person schlecht sind. Fehler können Sie nämlich in Ihrer Weiterentwicklung voranbringen. Richten Sie Ihren Fokus lieber auf Ihre Stärken und beschränken Sie sich bloß nicht auf Ihre Schattenseiten. Ja, es ist etwas schiefgelaufen, weil Sie zum Beispiel Ihre Reaktionen nicht unter Kontrolle hatten, aber Sie sind trotzdem noch ein liebenswerter Mensch. Es steht außer Frage, dass Sie nicht weniger wert sind, nur weil Ihnen ein Missgeschick passiert ist. Sie sind immer noch der gleiche kostbare Mensch wie zuvor, nur eben um eine negative Erfahrung reicher.

Schreiben Sie Ihre Gedanken auf!

Wirklich hilfreich kann es sein, wenn Sie Ihre Gedanken regelmäßig zu Papier bringen. Schreiben Sie sich doch selbst einen Brief oder führen Sie ein Tagebuch, in das Sie alles reinschreiben, was Sie auf dem Herzen haben. Erstens fühlen Sie sich besser, weil Sie Ihre Gedanken sortieren können und zweitens können Sie Ihren Kopf durch das Schreiben befreien. Eine besonders schöne Idee ist es, wenn Sie das Geschriebene in ein persönliches Ritual einbinden. Schreiben Sie beispielsweise einen Brief an sich selbst und zählen Sie alle Fehler auf, die Sie sich selbst verzeihen möchten. Lesen Sie den Brief laut vor und verbrennen Sie diesen anschließend. Wiederholen Sie das Ritual, wenn Ihnen danach ist. Sie lernen so Ihre Fehler loszulassen und schicken Ihre Schuldgefühle endgültig in die Flammen.

Kümmern Sie sich gut um sich selbst!

Sich selbst um Vergebung zu bitten ist leichter, wenn Sie versuchen, die Beobachterrolle für Ihr Leben einzunehmen. Betrachten Sie sich wie einen guten Freund, den Sie in schwierigen Zeiten trösten würden. Würden Sie diesen Freund mit unbändiger Kritik und Vorwürfen konfrontieren oder lieber dafür sorgen, dass es ihm besser geht? Denken Sie mal darüber nach. Kümmern Sie sich deshalb gut um sich selbst und gönnen Sie sich auch mal etwas. Lassen Sie Gefühle zu, aber baden Sie nicht im Selbstmitleid, denn damit ist Ihnen nicht geholfen. Selbst, wenn Sie denken, dass Sie bestimmte Dinge momentan nicht verdienen, sollten Sie trotzdem alles dafür tun, um Ihr Wohlbefinden zu stärken. Blicken Sie liebevoll auf sich und Ihren Körper und bestrafen Sie sich nicht mit Grübeleien oder anderweitiger Selbstkasteiung. Sie dürfen Fehler machen und Sie dürfen sich diese Fehler auch verzeihen. Also gehen Sie sorgsam mit sich um und schenken Sie sich in schwierigen Zeiten besonders viel Aufmerksamkeit, denn die brauchen Sie dann umso mehr.

Schließen Sie mit der Vergangenheit ab!

Selbstvorwürfe und Scham können dauerhaft zu echten Problemen heranwachsen. Es bringt nichts, in der Vergangenheit zu leben und über alle negativen Erfahrungen nachzudenken. Sie verpassen so Ihr Leben in der Gegenwart und können sich auch nicht auf Ihre Zukunft freuen. Auch Sie haben es verdient nach einem Rückschlag wieder Freude zu empfinden, egal was vorgefallen ist. Es ist äußerst wichtig, der Vergangenheit nicht so viel Raum zu geben, denn sonst versperren Sie sich selbst Ihren weiteren Lebensweg. Lösen Sie sich von dem Gedanken, dass Sie über Vergangenes nachdenken müssen. Diese Annahme ist schlichtweg falsch. Was vorbei ist, kann nicht mehr rückgängig gemacht werden. Das Einzige, was Sie tun können, ist die Vergangenheit ruhen zu lassen und mit Ihren Schuldgefühlen abzuschließen. Nur so können Sie sich für die Zukunft öffnen und positiv nach vorne schauen.

Lernen Sie zu verzeihen!

Zugegeben, es ist sehr schwer über den eigenen Schatten zu springen, wenn Sie jemand in der Vergangenheit verletzt hat. Das ist auch verständlich, aber jeder Mensch sollte die Chance haben, seine Fehler wieder gut zu machen. Von daher sollten Sie versuchen, nicht nur mit sich selbst Frieden zu schließen, sondern auch anderen Menschen die Möglichkeit geben sich zu ändern. Sie müssen gar nicht mit diesen Menschen aktiv in Kontakt treten, wenn Sie das nicht wollen. Es genügt, wenn Sie diesen Menschen vergeben und sich innerlich von dem bestehenden Konflikt lösen. Fragen Sie sich, ob Sie anders gehandelt hätten oder ob es dieser Mensch vielleicht gute Gründe für sein Verhalten hatte, die Ihnen anfangs nicht so bewusst waren. Hinter jedem Fehler steckt ein Mensch, der sich mit Schamgefühlen herumplagen muss. Auch Sie kennen das. Bleiben Sie deshalb anderen Menschen wohlgesonnen und seien Sie nicht nachtragend. Sie vergiften sich nur mit negativen Gefühlen, die Sie nicht glücklich machen werden. Seien Sie deswegen nicht zu streng mit Ihren Mitmenschen, denn Vergebung kann ein wirklich beflügelndes Gefühl sein, dass die Liebe wieder in Ihr Herz zurückholt.

WAS SCHEINBARE FEHLER & KRISEN UNS GELEHRT HABEN

Ist bei Ihnen der Knoten erst einmal geplatzt und Sie haben erkannt, dass Sie aus all Ihren Erfahrungen Kraft schöpfen können, offenbaren sich Ihnen ungeahnte Möglichkeiten der Selbstverwirklichung. Jede Krise und jede Fehlentscheidung sind dazu da, um zu wachsen und die bestmögliche Version von Ihnen zu erschaffen. Die Herausforderungen, die sich Ihnen stellen, sind keinesfalls dazu da, um Sie zu quälen oder um Sie in die Knie zu zwingen. Sie sind dazu da, um Sie zu stärken, Sie auf den richtigen Weg zu geleiten und Sie anzuspornen, alles aus sich herauszuholen.

Beispiel:
Seit zwei Jahren arbeitet Mareike bei einem Unternehmen für Textilherstellung. Sie war immer zufrieden mit sich und ihrer Arbeit. Doch plötzlich bittet ihr Chef sie ins Büro, um ihr mitzuteilen, dass sie die Kündigung erhält. Das Unternehmen muss Einsparungen vornehmen und Mareikes Arbeitsplatz muss deswegen leider wegfallen. Mareike fällt aus allen Wolken und weiß nicht, wie sie die kommenden Monate ohne festes Einkommen überstehen soll. Einen Monat lang befindet sich Mareike in einem tiefen Loch, aus dem sie nur schwer wieder herauszukommen scheint. Viele Bewerbungen bei anderen Unternehmen laufen ins Leere und sie fragt sich, wie sie aus dieser Krise wieder herauskommen soll. Als sie sich mit einer Bekannten über ökologische Babykleidung unterhält, kommt ihr wie aus dem Nichts eine zündende Idee. Es wäre doch hervorragend, wenn es ein Unternehmen gäbe, dass sich ausschließlich auf ökologische Textilien spezialisieren würde. Mareike arbeitet daraufhin eine ganze Nacht lang an Ihren Plänen und gründet daraufhin Ihr eigenes Unternehmen, welches sie mithilfe eines Unternchmerkredits finanzieren kann. Aus ihrer Krise heraus ist Mareike über sich hinausgewachsen und konnte sich aus der Arbeitslosigkeit befreien sowie ihr eigenes Unternehmen aufbauen. Heute ist Mareike sehr erfolgreich mit Ihrem Unternehmen und muss sogar selbst mehrere Mitarbeiter betreuen. Ihre Führungspolitik zeichnet sich aber durch Transparenz und Fairness aus und sie unterstützt jeden Mitarbeiter, wo sie nur kann.

Wie im Beispiel, können auch Sie an jeder Krise wachsen und aus Fehlern lernen. Es gibt hier keinen zentralen Punkt, der das Ende einer Ära einläutet, es gibt nur Wendepunkte, die Ihr Leben in andere Bahnen lenken und die Sie verstehen müssen. Wenn Sie mit Ihrem Leben einen ständigen Kampf ausfechten möchten, werden Sie niemals glücklich werden. Irgendwann ist es dafür zu spät und Sie werden sich darüber ärgern, dass Sie das

Leben nicht in vollen Zügen genossen haben. Wer, wenn nicht Sie, ist dafür verantwortlich, dass Sie sich gut fühlen. Beschränken Sie Ihre Sicht nicht nur auf die Schattenseiten des Lebens, denn dann sind Sie ein Gefangener Ihrer Fehlentscheidungen. Erfreuen Sie sich lieber daran, wie Sie die Dinge gemeistert haben und bleiben Sie zuversichtlich, dass es Ihnen auch ein weiteres Mal gelingen wird.

Zusammenfassend kann also gesagt werden:

- Fehler sind keine Fehler, sondern Chancen
- Fehler dienen dazu, einen Wendepunkt im Leben einzuläuten
- Fehler können dem Erfolg dienlich sein
- Fehler machen Sie nicht zu einem schlechten Menschen

GUT GERÜSTET IN DIE ZUKUNFT

Sich endlich frei von allen Zwängen fühlen, ist ein Wunsch, den viele Menschen verspüren. Zu sehr dreht sich das Leben um Verpflichtungen, Selbstoptimierung und Vergleiche. Dass dieser Lebensstil die Seele dauerhaft ermüdet, ist nicht verwunderlich. Das Gefühl „nicht genug" zu sein, verfolgt uns Menschen auf Schritt und Tritt, weil wir jeden Tag damit konfrontiert werden. Im Fernsehen, im Internet, ja sogar im Privatleben wird uns suggeriert, dass wir immer an uns arbeiten sollten. In der Werbung werden Wundermittel angepriesen oder ein Lebensstil aufgedrängt, welcher gar nicht in die eigenen Vorstellungen passt. Es herrscht so viel Druck von außen, dass es Ihnen sicherlich manchmal gehörig auf die Nerven geht. Das ist verständlich und es geht damit nicht nur Ihnen so. Sobald Sie in die Welt der sozialen Netzwerke einsteigen, wird der Selbstoptimierungswahn noch intensiver. Dazu müssen Sie sich noch nicht einmal anstrengen. Sie brauchen nur durch die Seiten zu scrollen und prompt wird Ihnen irgendeine Idee verkauft, die für Sie vorher nicht relevant war.

Beispiel:
Ein gutes Beispiel für gesellschaftlichen Zwang sind junge Mütter, die in die Mutterrolle noch hineinwachsen müssen. Sie werden regelrecht von allen Seiten mit Ratschlägen bombardiert und es werden Anforderungen gestellt, die diese Mütter im realen Leben nicht immer einhalten können. Sie fühlen sich durch ihr Umfeld und auch durch äußere Einflüsse wie Blogartikel, Internetposts oder die Werbung dazu genötigt, das Bild der perfekten Mutter abzugeben. Das erzeugt einen enormen Druck und viele Mütter glauben traurigerweise, sie würden versagen, wenn sie sich nicht den gesellschaftlichen Überzeugungen beugen. Aber nicht nur den Müttern ergeht es so. Auch die Väter erhalten Anweisungen, wie sich der moderne Vater zu verhalten hat. Der Mann hat sich bis zur vollen Erschöpfung einzubringen und darf nach seinem 40 Stunden Job keinesfalls für fünf Minuten die Füße hochlegen. Andernfalls wird er direkt angefeindet, weil er sogenannte traditionelle Klischees bedient. Von überall her bekommen junge Eltern vermittelt, sie müssten perfekt harmonieren und das Familienleben mit Bravour hinter sich bringen. Dass diese Vorstellung nicht der Realität entspricht und es bei niemandem zu Hause perfekt abläuft, darüber braucht man nicht zu diskutieren.

Traurigerweise glauben aber viele Menschen sie müssten sich an ein Weltbild anpassen, das eigentlich nicht für sie gemacht ist. Und diese Vorstellungen werden von Generationen zu Generationen weitergegeben, weil wir es ja nicht anders kennen. Wenn man es genauer betrachtet, werden uns Anforderungen und Zwänge mit in die Wiege gelegt. Wir lernen von unseren Eltern, wie die Welt funktioniert und schauen uns im Laufe des Lebens viel von anderen Menschen ab. Dabei vergessen wir aber, dass wir ein eigenständiger Mensch sind und kaum jemand traut sich aus dem Hamsterrad auszubrechen und seine Freiheit einzufordern.

Jeder Mensch hat andere Ziele und Erwartungen in seinem Leben und dennoch agieren viele ähnlich, weil es von ihnen verlangt wird oder sie keine anderen Optionen aufgezeigt bekommen haben.

> Frei zu sein und zu entscheiden, wer man sein will und was man tun will, ist das größte Glück, das ein Mensch haben kann.

Und doch entscheiden sich die meisten Menschen für einen vorgefertigten Weg, weil er ihnen Sicherheit verspricht und sie sich nicht trauen, alte Gewohnheiten und Denkmuster abzulegen. Schließlich hat es bei den vorherigen Generationen auch geklappt und deshalb wird auf das Altbewährte gesetzt. Dass dann aber die eigene Freiheit in weiter Ferne liegt, sollte auch jedem klar sein.

Wie also können Sie sich von gesellschaftlichen Zwängen und Verpflichtungen lösen, damit Sie endlich die Freiheit verspüren, die Sie so unbedingt brauchen?

Der einfachste Tipp hierzu ist, nicht auf andere Meinungen zu hören und sich selbst zu vertrauen. Sie wissen schließlich am besten, was gut für Sie ist. Wenn Ihnen der Sinn nach Freiheit und Gelassenheit steht, dann sollten Sie sich nicht in ein Leben drängen lassen, welches voll ist von Stress, Konventionen und Fremdbestimmung. Machen Sie nie den Fehler, Ihre innere Stimme zu ignorieren, weil Sie denken, dass Ihre Vorstellungen Hirngespinste sind. Das, was Sie da hören, ist Ihr echtes Ich, was Sie dazu aufrufen möchte, endlich Ihr Leben zu leben und nicht das Leben eines anderen. Die folgenden vier Punkte sollten Sie sich zu Herzen nehmen, wenn Sie sich von allen Zwängen befreien möchten.

So werden Sie frei und können Ihr Leben endlich genießen:

1) Finden Sie Ihre persönlichen Begrenzungen, die Sie in Ihrer Freiheit einschränken. Fragen Sie sich, welche Werte, Ansichten oder Überzeugungen Sie besitzen und welche davon Sie in einen Käfig zwängen. Prüfen Sie, ob Sie diese Leitgedanken weiterhin verfolgen oder ob Sie diese durch neue ersetzen möchten. So finden Sie heraus, welche Einschränkungen Sie in Ihrer Selbstverwirklichung blockieren und können demnach ein anderes Bewusstsein schaffen.

2) Kurz gesagt, Sie müssen lernen, all Ihre Gefühle zu akzeptieren. Erlauben Sie sich negative Gefühle und verstecken Sie diese nicht. Sie dürfen sich wütend, traurig, schwach, ängstlich oder auch einsam fühlen. Ihre Gefühle sind ein wichtiger Teil Ihrer Persönlichkeit, den Sie nicht verdrängen sollten. Sie werden sich erst vollkommen frei fühlen, wenn Sie damit aufhören, anderen Menschen gefallen zu wollen. Überlegen Sie deshalb, welche Gefühle Sie bei sich ablehnen und versuchen Sie diese voller Liebe anzunehmen. Sie werden bemerken, dass Sie sich weniger schuldig fühlen und es gut anfühlen kann Gefühle herauszulassen.

3) Bevor Sie sich ein konkretes Ziel vor Augen führen, müssen Sie herausfinden, welche Konsequenzen es gibt, beziehungsweise welchen Preis Sie für Ihr Vorhaben zahlen müssen. Möchten Sie weniger arbeiten, müssen Sie vielleicht auch mit weniger Gehalt rechnen.

Haben Sie den Wunsch auszuwandern, benötigen Sie womöglich viel Geduld, um sich in einem neuen Land zurechtzufinden. Ist eine berufliche Umorientierung ein Thema für Sie, müssen Sie vielleicht sogar wieder eine neue Ausbildung machen. Damit sei gesagt, wenn Sie Freiheit anstreben, sollte Ihnen auf jeden Fall bewusst sein, welche Veränderungen auf Sie zukommen können. Manchmal gilt es auch Widerstände zu durchbrechen oder große Anstrengungen in Kauf zu nehmen, um der Freiheit ein Stück näherzukommen.

4) Sollten Sie erkennen, dass Sie Ihr Ziel nicht erreichen können, bleibt Ihnen nur die Akzeptanz. Überdenken Sie Ihren ursprünglichen Plan und finden Sie eventuell eine Alternative, die Sie ebenfalls glücklich machen könnte. Gibt es diese Möglichkeit nicht, lassen Sie sich bitte nicht entmutigen. Es mag sein, dass Sie Ihrer Freiheit momentan noch nicht näherkommen können, aber vielleicht gelingt Ihnen dies zu einem späteren Zeitpunkt unter anderen Gegebenheiten. Das Leben befindet sich im stetigen Wandel und die Akzeptanz der jetzigen Situation hilft Ihnen dabei, den Fokus auf die Zukunft zu lenken. Es mag sein, dass Ihr Plan noch nicht ausgereift ist oder Sie ihn vielleicht noch einmal überarbeiten sollten. Bleiben Sie geduldig und vertrauen Sie auf Ihr Schicksal. Nehmen Sie die Situation an und versuchen Sie das Beste aus ihr herauszuholen.

Lache dem Leben entgegen

Die wärmenden Strahlen der Sonne

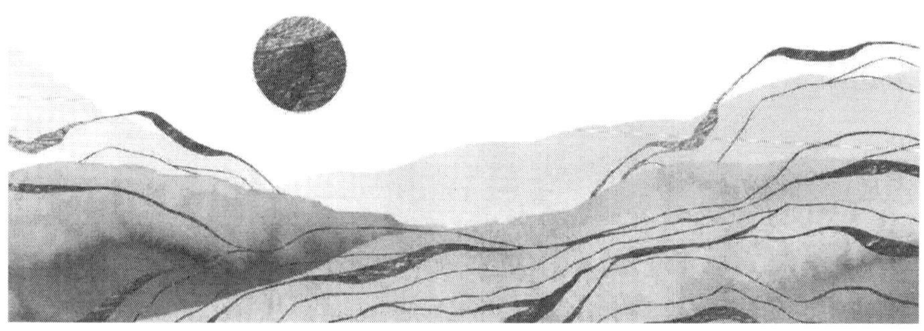

Bestimmt fragen Sie sich manchmal, was lebensfrohe Menschen anders machen. Diese Menschen, die immerzu auf der Sonnenseite des Lebens unterwegs sind. Denen auch der schlimmste Schicksalsschlag nichts anzuhaben scheint. Selbst beim trübseligsten Wetter verlieren diese Menschen nie Ihren Humor und Ihre Unbeschwertheit. Ihnen huscht immer ein Lächeln über die Lippen und es sieht so aus, als ob diese Menschen ein Schutzschild um sich herum aufgebaut hätten, welches jegliche negativen Einflüsse fernhält. Was machen diese Menschen also anders und wie können Sie etwas von Ihnen lernen? Hinter deren

Lebensphilosophie steckt kein komplizierter Plan. Diese Menschen haben einfach gelernt, wie sie den Lauf der Dinge akzeptieren und daraus das Beste machen können. Glücklich zu sein bedeutet nicht, dass man keine Sorgen hat. Ganz im Gegenteil, diese Menschen wissen manchmal sogar besser als jeder andere, wie es sich anfühlt von Negativität erdrückt zu werden. Sie haben aber erfolgreich einen individuellen Weg gefunden, mit Stress und Krisen umzugehen. Zusätzlich vertrauen sie auf ihre Fähigkeiten und wissen, dass Traurigkeit kein Gefühl von Dauer ist. Sie haben erkannt, dass der Optimismus im Leben Früchte trägt und sie in allen Situationen weiterbringt. Außerdem besitzen positive Gedanken eine heilsame Wirkung, was glückliche Menschen für sich zu nutzen wissen. Ihr Geheimnis ist zudem, dass sie dankbar für alle Erfahrungen sind und an das Gute im Leben glauben.

Es gibt kein Patentrezept, dass Ihnen hilft glücklicher zu werden. Sie müssen für sich selbst herausfinden, was Ihr Herz berührt und was Ihnen Lebensfreude verschafft.

Was Sie tun können, um Glück in Ihr Leben zu bringen, ist auf Ihre innere Stimme zu hören und Ihre Bedürfnisse wahrzunehmen. Denn, wer sich selbst verliert, kann niemals zufriedener werden. Sie müssen nicht damit anfangen äußere Einflüsse zu verändern, sondern sie müssen bei sich selbst beginnen. Ihre Einstellung und Ihre Wahrnehmung tragen dazu bei, dass Sie sich Ihre Welt nach Ihren Vorstellungen gestalten und nicht die Welt bestimmt, wie Ihr Leben verlaufen soll. Wenn Sie glücklich werden möchten, müssen Sie auch glücklich denken.

„Die meisten Menschen sind so glücklich,
wie sie es sich selbst vorgenommen haben."

Abraham Lincoln, amerikanischer Präsident (1809-1865)

POSITIVE RESONANZ UND ZWISCHENMENSCHLICHE BEZIEHUNGEN

Wenn Sie mal wieder richtig schlecht in den Tag gestartet sind, will Ihnen aber auch gar nichts gelingen. Die Kaffeetasse fällt zu Boden, die Kinder sind besonders anstrengend, Ihre Kollegen nörgeln nur an Ihnen herum und auf dem Weg nach Hause stehen Sie zu allem Übel in einem kilometerlangen Stau. Der Nachbar weist Sie zurecht, dass Ihre Katze nichts in seinem Garten zu suchen hat, Sie bekommen daraufhin starke Kopfschmerzen und streiten sich für den Rest des Tages mit jedem, der Ihnen über den Weg läuft. Abends kommen Sie kaum zur Ruhe, weil Sie schlechte Laune haben und Sie die Ereignisse des Tages belasten.

Schlussendlich schlafen Sie unruhig und bekommen furchtbare Alpträume, die Sie nachts hochschrecken lassen. An anderen Tagen wiederum, kann Ihnen absolut nichts die Stimmung vermiesen, weil Sie bereits mit positiven Gedanken den Tag begonnen haben. Besonders, wenn ein aufregendes und schönes Ereignis ansteht, sind Sie die Ruhe in Person, weil Sie sich so sehr darauf freuen. Da ist es nicht von Bedeutung, wenn die Geburtstagsfeier nicht perfekt ist, Sie aber mit Ihren Liebsten zusammen sein können. Auch haben Sie nach einem erfolgreichen Tag im Büro, eine Engelsgeduld auf der Autobahn und trällern glücklich Ihre Lieblingslieder, während Sie warten müssen. Sogar das Geschrei Ihrer Kinder kann Sie an freudigen Tagen nicht in den Wahnsinn treiben, weil Sie viel mehr Verständnis und Empathie aufbringen können als sonst. So oder so ähnlich hat jeder Mensch dieses Phänomen schon einmal miterlebt. An guten Tagen zieht man das Glück förmlich an. An schlechten Tagen wiederum wird man buchstäblich vom Pech verfolgt. Doch warum ist das so? Ihre persönliche Wahrnehmung, Ihre Sichtweise und Ihre Handlungen spielen hier eine große Rolle. Diese Faktoren sind dafür verantwortlich, ob Sie positive oder negative Resonanzen erhalten. Daraus resultiert auch das Resonanzgesetz oder auch Gesetz der Anziehung genannt.

Das Gesetz der Anziehung

Bei Gesetz der Anziehung handelt es sich um eine Theorie, bei der Gleiches von Gleichem angezogen wird. Ähnlich wie bei einem Magneten, ziehen wir Menschen positive oder auch negative Ereignisse an, je nachdem ob wir uns im positiven oder negativen Bereich befinden.

Beispiel:

Sie lächeln jemanden an und erhalten ein Lächeln zurück. Dadurch fühlen Sie sich glücklich. Sie haben dem anderen Menschen aber auch positive Signale gesendet, also erhalten Sie meist auch positive Reaktionen in Form eines Lächelns oder sogar eines Komplimentes zurück. Ihr Gegenüber fühlt sich ebenfalls glücklich, weil Sie ihn angelächelt haben.

Behandeln Sie einen Menschen jedoch abwertend, wird er Sie keinesfalls mit einem Lächeln beglücken. Vielmehr wird er Sie ebenfalls negativ behandeln oder sogar meiden wollen. Auf negative Signale folgen automatisch negative Reaktionen.

Das Gesetz der Anziehung bezieht sich aber nicht nur auf das zwischenmenschliche Zusammenleben, sondern beinhaltet auch die Energien im Universum, die Sie mithilfe von Manifestationen und einer optimistischen Einstellung beeinflussen können. Denn Gedanken und Gefühle sind Energien, die das anziehen, was Sie aussenden. Befinden Sie sich auf einer bestimmten Frequenz und senden negative Energien aus, werden Sie keine positiven Energien erhalten. Es ist also wichtig, dass Sie auf der richtigen Frequenz senden, um genau die Energien zu erhalten, die Sie erwarten.

Beispiel:
Sie stehen morgens auf und beginnen den Tag schon mit dem Gedanken, dass dies ein guter Tag werden wird. Weil Sie Positivität ausstrahlen, empfangen Sie positive Energien und das Glück ist Ihr ständiger Begleiter. Sie lassen sich von niemandem die Stimmung vermiesen und sehen keine Probleme, sondern nur Lösungsmöglichkeiten. Durch Ihre Überzeugungen erschaffen Sie Ihre Realität und richten Ihren Fokus auf das Wesentliche, anstatt sich über Banalitäten aufzuregen.

Sie sind der Entscheider und bestimmen letztendlich über Ihr eigenes Glück und Unglück. Wenn Sie verstehen, wie Sie Ihr Leben in die gewünschten Bahnen lenken, werden Ihnen negative Erlebnisse nicht so schnell etwas anhaben können. Im Gegenteil, Sie werden feststellen, dass Sie für jede Herausforderung gewappnet sind, weil Sie einen positiven Standpunkt eingenommen haben. Das, was Sie ausstrahlen, kehrt früher oder später zu Ihnen zurück. Sind Sie zuversichtlich, werden Sie wahrscheinlich auch einen Weg finden jede Hürde zu meistern, ohne dass Sie sich durch diese Hürde gestresst fühlen. Glauben Sie nicht an Ihren Erfolg, werden Sie auch erfolglos bleiben, weil Ihnen der notwendige Biss und eine gehörige Portion Mut fehlen. Genauso sieht das Ganze auch mit zwischenmenschlichen Beziehungen aus. Optimistische Menschen umgeben sich meist mit Menschen, die ebenfalls fröhlich gestimmt durchs Leben gehen. Negativ eingestellte Menschen vermeiden den Kontakt zu diesen Personen dagegen und suchen sich gezielt Menschen aus, die eine pessimistische Lebenseinstellung haben. Gleichgesinnte finden deshalb zusammen, weil sie ähnliche Ansichten und Werte teilen, aber auch, weil sich deren Fokus auf die gleichen Interessengebiete richtet.

Die selektive Wahrnehmung ist dafür verantwortlich, worauf Sie Ihren Fokus lenken wollen. Sie sorgt dafür, dass Sie Ihre Aufmerksamkeit nur auf begrenzte Möglichkeiten richten und alles andere um Sie herum ausblenden. Positive Reize werden mit einer positiven Sichtweise, negative Reize mit einer negativen Sichtweise angezogen.

Beispiel:
Sie möchten abnehmen, weil Sie unzufrieden mit Ihrer Figur sind. Ihr Fokus liegt auf den Makeln Ihres Körpers und auf der Vorstellung Ihres Traumkörpers. Wenn Sie jetzt an einen Badesee fahren, würden Sie mit Sicherheit Ihre Aufmerksamkeit auf die vielen schlanken Menschen richten. Obwohl auch genügend fülligere Menschen anwesend sind, betrachten Sie nur die Menschen, die Ihrer Wunschvorstellung entsprechen. Im Grunde sehen Sie nur, was Sie sehen möchten. Und da sich Ihre Gedanken momentan auf die Gewichtsreduktion beschränken, werden Sie kaum wahrnehmen, dass es auch viele wunderschöne Menschen mit Ihren Maßen gibt.

Ihre Prioritäten bestimmen, was Sie empfangen möchten, und steuern somit Ihre zukünftigen Entscheidungen und Handlungen. Je mehr Sie Ihre Gedanken in eine Richtung bewegen, desto mehr ziehen Sie Gleiches an. Leider gelingt es den wenigsten Menschen dauerhaft ein positives Mindset aufzubauen und so geschieht es immer häufiger, dass unerwünschte Energien angezogen werden. Wenn Sie aber verstehen, dass das Gesetz der Anziehung jederzeit wirkt, können Sie durch ein verändertes Bewusstsein damit arbeiten. Dann ist es möglich, dass Sie sich Ihr Leben nach Ihren Vorstellungen erschaffen können und nicht ständig Angst davor haben müssen, was als Nächstes kommt.

Wie können Sie also das Gesetz der Anziehung für sich nutzen und Ihr Leben zum Positiven verändern? Die Antwort ist ganz simpel: mit Manifestation. Ihre eigenen Gedanken sind so mächtig, dass sie den Verlauf Ihres Lebens bestimmen können, insofern Sie selbst daran glauben. Ein einfacher Gedanke, wie „Ich werde bald reich sein“, reicht dafür jedoch nicht aus. Sie müssen schon klar definieren, wie Sie ein Ziel erreichen möchten. Das heißt, Sie manifestieren, festigen einen Gedanken in Ihrem Kopf und setzen dafür die passenden Rahmenbedingungen fest. Manifestation kann Ihnen dabei helfen, alles in Ihr Leben zu ziehen, was Sie sich wünschen. Sie müssen nur wissen, wie es geht. Wichtig ist nicht nur Ihre Wunschvorstellung, sondern auch das Gefühl zu kreieren, dass sich einstellt, wenn Sie Ihr Ziel bereits erreicht haben.

So manifestieren Sie ein besseres Leben

Zunächst einmal ist Ihr Glaube ein wichtiger Ausgangspunkt für erfolgreiches Manifestieren. Wenn Sie nicht an sich und Ihre Fähigkeiten glauben, werden Sie definitiv scheitern. Stehen Sie jedoch hinter Ihren Stärken und Talenten, kann sich Ihnen eine völlig neue Dimension eröffnen. Sie brauchen nur noch einen ausgeklügelten Plan, um zur Tat schreiten zu können. Keinesfalls sollten Sie auf Denkfallen wie negative Glaubenssätze oder unbegründete Ängste hereinfallen.

Dass positive Affirmationen unterstützend sein können, wissen Sie bereits. Aber positive Affirmationen können noch viel mehr Potenzial aus Ihnen herausholen, als Sie denken. Wenn Sie Ihre Glaubenssätze so umprogrammieren, dass sich bei Ihnen keine Selbstzweifel mehr zeigen, werden Sie mutiger in allem, was Sie tun. Folglich ergreifen Sie Chancen, die Sie sonst hätten verstreichen lassen.

Anleitung zur Manifestation:

1) Sorgen Sie für eine Wohlfühlatmosphäre, bei der Sie Ihren Kopf komplett abschalten können. Meditation, Yoga, ein heißes Bad oder auch nur ein bequemer Sessel können Ihnen dabei helfen, Ihre Gedanken fließen zu lassen. Denken Sie nun an Ihren Herzenswunsch und malen Sie sich ohne Zwang alles aus, was zu diesem Wunsch dazugehört. Egal, wie verrückt es Ihnen erscheinen mag, aber Ihr Verstand sollte jetzt eine Pause einlegen und sich einfach nur von Ihren aufkommenden Gedanken leiten lassen.

2) Nehmen Sie sich anschließend etwas zu Schreiben und setzen Sie sich ein klares Ziel. Formulieren Sie dieses Ziel möglichst ohne Umschweife und legen Sie genaue Eckpunkte fest. Schreiben Sie einfach drauflos und bringen Sie all Ihre Gedanken zu Papier. Die folgenden Fragen können Ihnen behilflich sein, wenn Sie Ihr Ziel noch nicht klar vor Augen haben sollten:

- Wo sehen Sie sich in der Zukunft?
- Welches Gefühl soll Sie in der Zukunft begleiten?
- Welchen Herzenswunsch haben Sie?
- Welche Anstrengungen müssen Sie für Ihr Ziel in Kauf nehmen?
- Wer oder was kann Ihnen bei der Erreichung Ihres Ziels behilflich sein?
- Welche Hürden müssen Sie meistern und welche Probleme könnten Sie bei der Erreichung Ihres Ziels behindern?
- Wie sieht Ihr Leben aus, wenn Sie Ihr Ziel erreicht haben?

3) Formulieren Sie anschließend einen Satz, der Ihr Ziel so detailliert wie möglich wiedergibt. Je genauer Sie Ihren Wunsch festhalten, desto besser wird sich Ihr Unterbewusstsein auf Ihr Ziel programmieren. Sie werden dann alle Eventualitäten in Betracht ziehen und sich stärker auf Ihr Ziel konzentrieren. Überaus wichtig ist auch der Grund für Ihr Ziel. Also, warum Sie Ihr Ziel unbedingt verfolgen möchten. Binden Sie diesen Aspekt unbedingt mit ein und werden Sie sich über Ihre Beweggründe klar.

4) Wenn Sie Ihr Ziel festgelegt haben, müssen Sie dieses Ziel nur noch visualisieren. Das bedeutet, Sie rufen sich ein klares Bild vor Augen, dass Ihren Wunsch wiedergibt. Schließen Sie dafür die Augen und greifen Sie immer wieder auf Ihren Wunsch zurück, indem Sie die Szene in Ihrem Kopf bis ins kleinste Detail ausformen. Es ist auch wichtig, dass Sie sich bereits so verhalten, wie als wenn Ihr Wunsch schon in Erfüllung gegangen wäre. Möchten Sie mehr Geld anziehen, schenken Sie Ihren Finanzen besondere Aufmerksamkeit und beschäftigen Sie sich mit dazugehörigen Themen wie beispielsweise Investments. Sind Sie auf der Suche nach einem neuen Auto, stellen Sie sich vor, dass Sie dieses schon gefunden

haben und wie Sie damit die Straße erobern. Formen Sie Ihren Traum so realistisch aus, dass Sie ihn förmlich spüren können. Seien Sie die Person, die Sie sein möchten und verhalten Sie sich auch so. Dann werden Sie Ihrem Traum schneller näherkommen, als Sie denken.

5) Vertrauen Sie auf das Universum und werfen Sie jegliche Zweifel über Bord. Sie müssen Geduld haben, dass das, was Sie sich wünschen, auf dem Weg zu Ihnen ist. Alles braucht seine Zeit und wenn der richtige Zeitpunkt gekommen ist, werden Sie bereit sein und das empfangen, was Sie sich sehnlichst gewünscht haben. Jagen Sie nicht verbissen Ihren Träumen hinterher und fokussieren sich nicht nur auf die Rückschläge. Freuen Sie sich über jeden noch so kleinen Fortschritt und bleiben Sie stets aktiv. Wenn Sie sich mehr Liebe wünschen, verschenken Sie Liebe. Sind Sie auf der Suche nach einer Beziehung, freuen Sie sich für andere und bleiben Sie in Ihrer positiven Energie.

LACHE ZUERST, UND DAS LEBEN WIRD DIR FOLGEN!

> Das Geheimnis glücklicher Menschen besteht nicht darin, dass sie alles besitzen oder reich an finanziellen Mitteln sind. Es ist die positive Lebenseinstellung, die diesen Menschen dabei hilft, ein erfülltes Leben zu führen.

Nach vorne zu blicken, auch wenn die Gegenwart gerade nicht so rosig erscheint, ist wichtig, um sich nicht in Sorgen zu verlieren. Humor und Optimismus helfen dabei, die Aufgaben des Lebens zu bewältigen. Für den Pessimisten erscheint das Glas Wasser halb leer, der Optimist jedoch sieht das Glas halb voll, weil er daran glaubt, dass alles zum Positiven verändert werden kann und immer neue Möglichkeiten auf ihn warten. Eine positive Sichtweise hat große Vorteile, denn optimistische Menschen können besser mit Stress und Krisen umgehen, da sie ihre persönlichen Stärken nie vergessen. Sie glauben fest daran, dass sich alles zum Guten wenden wird und sie ihre Zukunft selbst in der Hand haben. Sie haben verstanden, dass sie der Gestalter des eigenen Lebens sind und vermeiden es in Negativität zu verweilen.

Warum optimistische Menschen ein erfüllteres Leben führen:

- Sie leben gesünder und länger, weil sie auf sich und ihren Körper Acht geben. Dass schlechte Ernährung, Bewegungsmangel und Stress die Lebensqualität verringern, wissen Optimisten sehr wohl. Daher legen diese Menschen sehr viel Wert auf die eigene Gesundheit, weil diese ausschlaggebend für eine erfolgreiche Zukunft ist.
- Beziehungen halten bei Optimisten länger, weil sie nie die Hoffnung und den Mut verlieren. Sie arbeiten stets an sich und an ihren Beziehungen, wobei sie sich durchaus in schwierigen Zeiten auf positive Dinge fokussieren. Somit lassen sie sich nicht so schnell unterkriegen und sind bereit, Lösungen zu finden.
- Optimisten sind erfolgreicher im Job, weil sie gelernt haben, dass sich eine positive Grundeinstellung bezahlt macht. Sie imponieren anderen Menschen und können jeden mit ihrer positiven Sichtweise überzeugen. Außerdem geben sie nie auf, weil sie auf ihre Stärken vertrauen und auf den richtigen Moment warten, an dem sie ihr Talent beweisen können.
- Sie erreichen schneller ihre Ziele, weil sie sich nicht von Niederlagen herunterziehen lassen. Optimisten sorgen sich nicht um mögliche Fehlentscheidungen, sondern akzeptieren die Erfahrungen, die vor ihnen liegen. Sie sind flexibel und können sich Stresssituationen anpassen, was besonders an ihrer Offenheit und Neugierde liegt.
- Mit Stress können Optimisten sehr gut umgehen. Ihre Psyche ist gefestigter, weil sie sich nicht auf Krisen konzentrieren, sondern die Möglichkeiten dahinter erkennen. Optimisten haben demnach ein niedriges Risiko für einen Burn-out oder andere psychische Erkrankungen.
- Optimisten erfreuen sich an der Vielfalt ihres Lebens und sind stets versucht Negativität den Kampf anzusagen. Sie lassen sich nicht negativ beeinflussen und gehen ihren eigenen Weg, egal was andere Menschen davon halten.

Das Leben in vollen Zügen zu genießen und sich nur auf die Sonnenseiten des Lebens zu konzentrieren ist gar nicht mal so schwer, wenn Sie wissen, worauf es ankommt. Natürlich wird Ihnen manchmal der Weg erschwert, etwa wenn Sie eine Niederlage erfahren müssen oder es zu unvorhersehbaren Ereignissen kommt. Aber Sie können Ihre Einstellung zum Leben trotzdem positiv verändern und beibehalten, wenn Sie sich die folgenden Tipps zu Herzen nehmen.

Tipps für mehr Optimismus im Leben

1) Nehmen Sie sich und das Leben nicht zu ernst. Lachen Sie, wann immer Ihnen danach ist und versuchen Sie selbst in den absurdesten Situationen Ihren Humor nicht zu verlieren. Wer Spaß und Freude versprüht, der steckt andere Menschen damit an und sorgt so für gute Stimmung. Ein herzhaftes Lachen kann den Alltagsstress wegpusten und Sie von allen Sorgen befreien. Lachen ist die beste Methode, um das Leben zu genießen.

2) Freuen Sie sich über die kleinen Dinge im Leben, und sehen Sie all die kleinen Kostbarkeiten im Alltag nicht für selbstverständlich an. Die Sonnenstrahlen im Garten, das Kinderlachen im Bus oder das köstliche Croissant zum Frühstück können Ihnen das Leben regelrecht versüßen, wenn Sie lernen diese Dinge wertzuschätzen. Wer sich über Kleinigkeiten freuen kann, wird bei größeren Überraschungen völlig aus dem Häuschen sein und sich auf seine Zukunft freuen.

3) Begrenzen Sie Ihren Nachrichtenkonsum und vermeiden Sie negative Schlagzeilen. Alles, was Sie nicht unmittelbar betrifft, sollten Sie nur sparsam aufnehmen. Schlechte Nachrichten verbreiten Sorgen und Existenzängste, was Sie immer weiter in den Pessimismus treibt. Konzentrieren Sie sich lieber auf Ihre eigene Zukunft und versuchen Sie den Weltschmerz in Grenzen zu halten. Gleichen Sie Negativität mit positiven Ereignissen und Nachrichten aus, indem Sie nur das lesen, was Ihre Stimmung aufheitert. Dieses Vorgehen hat absolut nichts mit Ignoranz zu tun,

sondern ist vielmehr ein Schutz für Ihre eigene Psyche. Zu viele negative Nachrichten können Sie nämlich krank machen und Sie unnötig belasten.

4) Trainieren Sie Ihren Optimismus, indem Sie negative Gedanken bewusst wahrnehmen und in positive Affirmationen umwandeln. Versuchen Sie aber nicht dauerhaft negative Gedanken zu verdrängen oder nach einem Schicksalsschlag zu unterdrücken. Denn damit begeben Sie sich in den Zustand der toxischen Positivität. Das bedeutet, wichtige Gefühle werden zurückgehalten und mittels eines künstlichen Optimismus ersetzt. Das kann schädlich für Ihre Psyche werden, vor allem, wenn Sie bestimmte Erlebnisse noch nicht richtig verarbeitet haben. Am besten akzeptieren Sie Ihre negativen Gedanken, arbeiten diese auf und lassen diese aber nicht Ihr gesamtes Leben bestimmen. Gefühle zuzulassen ist gesund und wichtig, aber dennoch können Sie mit optimistischen Impulsen für eine Verbesserung Ihrer Situation sorgen.

5) Bleiben Sie stets realistisch und schätzen Sie Ihre Chancen richtig ein. Überschwänglichkeit und Pessimismus sind nicht förderlich, wenn Sie sich ein Ziel gesetzt haben. Eine gute Portion Optimismus bei einem Bewerbungsgespräch kann Ihnen mehr Selbstvertrauen verleihen, gleichzeitig aber auch den nötigen Respekt gegenüber der Situation verschaffen.

YOGA- SONNEN-FLOW: AUFRICHTUNG & LEBENSAUSRICHTUNG

Yoga verbindet den Körper mit dem Geist und kann bei regelmäßiger Praxis Stress reduzieren und auch Anspannungen im Körper lösen. Mit Yoga können Sie außerdem bewusster leben und zudem ausgeglichener werden. Sie benötigen dazu allerdings keine ausgedehnten Yoga-Kurse oder komplizierte Übungen, um Ihre Lebensqualität zu verbessern. Schon kleine Übungen im Alltag können Ihnen Freude verschaffen und Ihre Laune heben. Zusätzlich verbessert sich Ihre Körperhaltung, welche großen Einfluss auf Ihr Gefühlsleben hat.

Beispielübung:
Machen Sie doch einmal einen Test mit sich selbst. Stellen Sie sich vor einen Spiegel und korrigieren Sie bewusst Ihre gesamte Körperhaltung. Schieben Sie die Schultern nach hinten und stehen Sie aufrecht. Der Kopf sollte gerade sein und nicht nach unten hängen. Blicken Sie sich in die Augen und schenken Sie sich ein Lächeln. Sie werden merken, dass die veränderte Körperhaltung etwas Positives in Ihnen auslöst.

Mit Yoga können Sie noch weiter gehen und mithilfe von Asanas, also bestimmte Körperhaltungen, ein besseres Körpergefühl trainieren. Zusätzlich beeinflussen Sie Ihren Gemütszustand positiv, je häufiger Sie Yoga anwenden. Das hat zum einen mit den körperlichen Erfahrungen zu tun, die Sie während der Übungen erleben. Sie können Yoga grundsätzlich jeden Tag praktizieren, hier gibt es keine Richtlinien oder Vorgaben. Wichtig ist, dass Ihnen die Asanas keine Beschwerden verursachen oder Sie überfordern. Zwischendurch eine Pause von einem Tag einzulegen, kann aber dennoch nicht schaden, denn Ihr Körper muss sich anfangs an die ungewohnten Haltungen gewöhnen. Bei manchen Asanas können Sie auch Ihre Grenzen erforschen, wenn Sie dies möchten und lernen sogar über sich hinauszuwachsen. Mit der Zeit verbessert sich Ihre Körperhaltung wie von selbst und Sie werden bemerken, dass Sie durch die Yogapraxis Kraft schöpfen können. Verspannungen lösen sich und das ist auch der Grund, weshalb Menschen, die Yoga praktizieren, strahlender und einfach zufriedener wirken. Wenn der Körper entspannen kann, wirkt sich dieser Zustand auch positiv auf die Psyche aus. Die Lebensenergien können wieder fließen und lösen innere Blockaden, die sich mit der Zeit in Ihrem Unterbewusstsein gebildet haben.

Für Ihre Yogapraxis benötigen Sie:

- Eine Yogamatte oder eine rutschfeste Unterlage
- Bequeme anliegende Kleidung, in der Sie sich gut bewegen können
- Eventuell ein Sitzkissen, als Unterstützung
- Eventuell sanfte Musik
- Manche Übungen erfordern sogenannte Yogablöcke, mit denen sich die Asanas entsprechend anpassen lassen

Yoga-Sonnen-Flow Übung:

Beginnen Sie mit dem klassischen Sonnengruß und steigern Sie sich, nach und nach, gerne auch mit anderen Asanas. Achten Sie stets darauf, dass Sie sich beim Yoga wohlfühlen und Sie sich nicht überanstrengen. Die folgende Yoga-Übung eignet sich sehr gut als kräftigendes Aufwachritual am Morgen. Nicht umsonst wird diese Übung der Sonnengruß genannt. Der Sonnengruß heißt nicht nur die Sonnenstrahlen willkommen, er ebnet den Weg für positive Energien und lässt diese tief in Ihr Innerstes hineinfließen.

1) Legen Sie eine Yogamatte bereit und stellen Sie sich an das vordere Ende der Matte. Die Füße stehen dabei parallel, ungefähr einen Fuß breit auseinander. Die Knie sind leicht gebeugt, die Schultern locker nach hinten und der Blick geradeaus gerichtet. Ziehen Sie den Bauchnabel etwas ein und lenken Sie die Konzentration auf Ihre Atmung.

2) Falten Sie die Hände vor der Brust und achten Sie darauf, dass die Ellenbogen dabei nicht schlaff herunterhängen. Diese Haltung nennt sich Berghaltung. Bei der nächsten Einatmung breiten Sie die Hände zu den Seiten aus und führen diese über dem Kopf wieder zusammen. Ihr Blick richtet sich nach oben. Die Schulterblätter werden zurückgezogen und sollten nicht nach oben gezogen werden.

3) Beim Ausatmen beugen Sie sich nach unten und lassen die Arme locker nach unten sinken. Wenn Sie den Boden mit Ihren Händen nicht berühren können, beugen Sie die Knie etwas und legen Ihre Hände vor den Füßen oder daneben ab. Diese Haltung nennt sich ganze Vorbeuge.

4) Atmen Sie ein und strecken Sie den Rücken durch. Dabei berühren nur noch Ihre Fingerspitzen den Boden. Der Blick sollte leicht nach vorne gerichtet sein. Rücken und Kopf müssen eine Linie bilden, damit es nicht zu Überstreckung der Wirbelsäule kommt. Sie befinden sich nun in der halben Vorbeuge.

5) Kehren Sie zurück in die ganze Vorbeuge und atmen Sie aus. Legen Sie Ihre Hände wieder auf dem Boden ab. Der Kopf sinkt wieder nach unten.

6) Bei der nächsten Einatmung machen Sie einen Ausfallschritt und positionieren die Hände parallel zueinander. Die Hände sind aufgefächert und die Fingerspitzen pressen sich satt in die Matte. Die Hände liegen dabei direkt unter den Schultergelenken und nicht weiter vorne.

7) Bringen Sie auch das andere Bein nach hinten und begeben Sie sich in den Yoga-Liegestütz. Wichtig ist hier, dass Sie den Bauchnabel einziehen und sich steif wie ein Brett machen. Der Rücken sollte gerade sein und nicht nach unten fallen. Das Gesäß sollte angespannt und nicht nach oben gestreckt werden.

8) Nun lassen Sie sich kontrolliert auf die Matte sinken, indem Sie die Ellenbogen nah am Körper halten und den Körper gerade ablegen. Die Hände bleiben auf der Matte positioniert. Denken Sie an eine ruhige und gleichmäßige Atmung.

9) Atmen Sie tief ein und schieben Sie Ihren Oberkörper nach vorne. Heben Sie dabei den Kopf und richten Sie den Blick nach oben. Diese Übung führen Sie ohne viel Schwung aus und achten darauf, dass Sie wenig Kraft aufwenden.

10) Bei der nächsten Ausatmung schieben Sie Ihr Becken nach hinten und strecken Arme und Beine ganz durch. Ziehen Sie die Fersen zu Boden und versuchen Sie Rücken und Beine gerade zu halten. Haben Sie Schwierigkeiten, können Sie die Knie leicht beugen. Ganz wichtig ist auch, dass der Blick nach unten gerichtet ist und Sie die Halswirbelsäule nicht überstrecken.

11) Bei der nächsten Einatmung folgt ein großer Ausfallschritt nach vorne, bei dem Sie den Rücken gerade halten und nach vorne blicken.

12) Atmen Sie aus und ziehen Sie ebenfalls das andere Bein nach vorn. Kommen Sie nun wieder in die ganze Vorbeuge.

13) Führen Sie die Hände über die Seiten nach oben und richten Sie sich langsam wieder auf. Die Hände berühren sich über dem Kopf und gleiten langsam wieder vor die Brust. Der Blick wandert von oben wieder geradeaus. Sie befinden sich nun wieder in der Berghaltung.

Kintsugi Meditation: Ihre Kernqualitäten

Meditationen sind besonders dafür geeignet, um Ihnen in stürmischen Zeiten Ruhe und Entspannung zu verschaffen. Noch dazu können Sie mit einer Meditationsübung Ihren Kopf von lästigen Gedanken befreien und sogar Ihre eigene Vorstellungskraft trainieren. In Kombination mit Kintsugi kann Ihnen eine Meditation dabei helfen, sich auf Ihre Kernqualitäten, also Ihre Stärken zu fokussieren. Außerdem erhalten Sie Zugang zu Ihrem Unterbewusstsein und können die Narben in Ihrer Seele buchstäblich mit Gold aufwerten. Die folgenden Kintsugi-Meditationen beinhalten Atemübungen und Visualisierungen, die Sie dabei unterstützen werden, die Bruchstücke in Ihrem Herzen zu reparieren. Sie benötigen für die Meditationen nur einen bequemen Platz und einen Raum, in dem Sie ungestört sind. Setzen Sie sich auf einen bequemen Sessel oder legen Sie sich ein Meditationskissen zu, auf das Sie sich setzen können.

Meditationsübung: Energiefeld

Schließen Sie die Augen und atmen Sie zu Beginn tief ein und aus. Ihre Atmung sollte während der gesamten Meditation ruhig und gleichmäßig sein. Konzentrieren Sie sich darauf, wie die Luft aus Ihrem Körper strömt und ihn wieder vollständig ausfüllt. Spüren Sie, wie Ihre Gliedmaßen allmählich schwerer werden und Ihr Körper zur Ruhe kommt. Versuchen Sie an nichts zu denken und Ihren Kopf mit Leere zu füllen. Das mag anfangs ungewohnt sein, wird Ihnen aber immer besser gelingen, je öfter Sie meditieren. Wenn doch Gedanken auftreten, sollten Sie diese annehmen und weiterziehen lassen. Stellen Sie sich nun ein großes leuchtendes Kraftfeld vor, welches Sie umgibt und Ihnen Stärke und Schutz verleiht. Sie können sich dieses Kraftfeld als rotierende Kugel oder als strahlender Schutzschild vorstellen. In diesem Energiefeld befinden sich nur Sie allein und alle negativen Energien werden abgestoßen. Nichts und niemand kann dieses Energiefeld durchbrechen. Keine schlechten Nachrichten, fremde Erwartungen, Stress oder negative Schwingungen können an Sie herankommen. Sobald sich Negativität in welcher Form auch immer Ihrem Energiefeld nähert, wird diese durch positive Lichtstrahlen verdrängt. Im Inneren Ihres Körpers baut sich eine lodernde Kugel auf, die mit Ihren Stärken und Talenten gefüllt ist. Diese Kugel wächst mit jedem Angriff von außen und wird immer heller, bis diese irgendwann größer ist als Sie selbst. Spüren

Sie, wie Ihre innere Kugel Wärme ausstrahlt und Ihr Herz gleichzeitig mit Liebe ausfüllt. Sobald Ihr Kraftfeld mit negativen Einflüssen in Berührung kommt, werden Sie innerlich immer stärker und Ihre innere Kugel erstrahlt in goldenem Glanz. Atmen Sie ruhig und gleichmäßig weiter. Wenn Sie die Meditation beenden möchten, halten Sie einen kurzen Moment inne und lassen Sie die Augen noch geschlossen. Konzentrieren Sie sich wieder nur auf Ihre Atmung und versuchen Sie wieder Ihren Kopf mit Leere zu füllen. Zum Abschluss atmen Sie noch einmal tief ein und aus. Öffnen Sie dann die Augen und absolvieren Sie zur Entspannung eine kleine Dehnübung, indem Sie sich wie eine Katze strecken und recken.

Meditationsübung: empfangende und wegstoßende Hände

Setzen Sie sich für diese Übung in einen Schneidersitz und legen Sie Ihre Hände locker auf Ihren Oberschenkeln ab. Atmen Sie mehrmals tief ein und aus. Schließen Sie die Augen und konzentrieren Sie sich wieder darauf, dass Sie gleichmäßig und ruhig weiteratmen. Lassen Sie jeden einzelnen Gedanken zunächst zu und versuchen Sie diesen nicht weiter auszuführen. Wenn Sie Ihre Konzentration darauf richten, wie sich jeder Zentimeter Ihres Körpers anfühlt, werden störende Gedanken von allein verschwinden. Heben Sie nun die Hände vor die Brust und drehen Sie diese vom Körper weg, so als ob Sie etwas wegstoßen würden. Wichtig ist, dass Sie Ihre Hände ganz leicht anspannen und es sich so anfühlt, als wenn Sie einen Widerstand wegdrücken wollten. Stellen Sie sich nun vor, wie negative Energien auf Sie zukommen und Sie etwas dagegen tun müssen. Das können zum Beispiel stressige Situationen, hohe Ansprüche, Anschuldigungen oder auch ein ganz bestimmter Mensch sein. Halten Sie die Augen fest verschlossen und kreieren Sie das Bild der negativen Energie vor Ihrem inneren Auge. Wie sieht diese Negativität aus? Woran möchten die negativen Energien Sie hindern? Atmen Sie tief ein und bei der nächsten Ausatmung schieben Sie Ihre Hände kraftvoll nach vorne. Sie stoßen die negativen Energien mit Ihren Händen von sich fort. Wiederholen Sie die Übung solange, bis Sie sich befreiter fühlen. Haben Sie alle negativen Energien von sich weggestoßen, werden Sie sich jetzt für positive Energien öffnen. Legen Sie dazu Ihre Hände gefaltet in Ihren Schoß und fokussieren Sie sich zunächst wieder nur auf Ihre Atmung. Visualisieren Sie dann verschiedenfarbige Schmetterlinge, die das Glück in Ihrem Leben repräsentieren. So kann ein gelber Schmetterling für Ihre Familie, ein roter Schmetterling für Ihre Beziehung und ein grüner Schmetterling für Ihre Gesundheit stehen usw. Sie können sich auch schöne Ereignisse vor Augen führen, die jeder einzelne Schmetterling verkörpern soll. Je nachdem, was Sie in Ihrem Leben als Glück definieren. Atmen Sie ruhig weiter und sobald Sie ausatmen, wird der Schmetterling auf Sie aufmerksam. Er setzt sich in Ihre Hände und Sie können seine Zartheit in den Händen spüren. Bei der nächsten Einatmung flattert er in Sie hinein und sucht den Weg zu Ihrem Herzen. Lassen Sie nach und nach jeden Schmetterling in Ihrem Herzen einen Platz finden. Zum Schluss der Meditation legen Sie Ihre Hände auf Ihre Brust und versuchen die glückliche Vielfalt in Ihrem Herzen noch einmal zu spüren. Halten Sie die Schmetterlinge in Ihrem Inneren fest und stellen Sie sich vor, wie es sich diese in Ihrem Herzen gemütlich machen. Die Augen halten Sie noch geschlossen und atmen dabei ruhig und gleichmäßig. Öffnen Sie anschließend die Augen und lockern Sie Ihren Körper wieder mit leichten Dehnübungen.

Hier geht's zu den geführten Meditationen als Audio-Guide:

https://bit.ly/3mVXlf9

Ihr neues Leben meistern

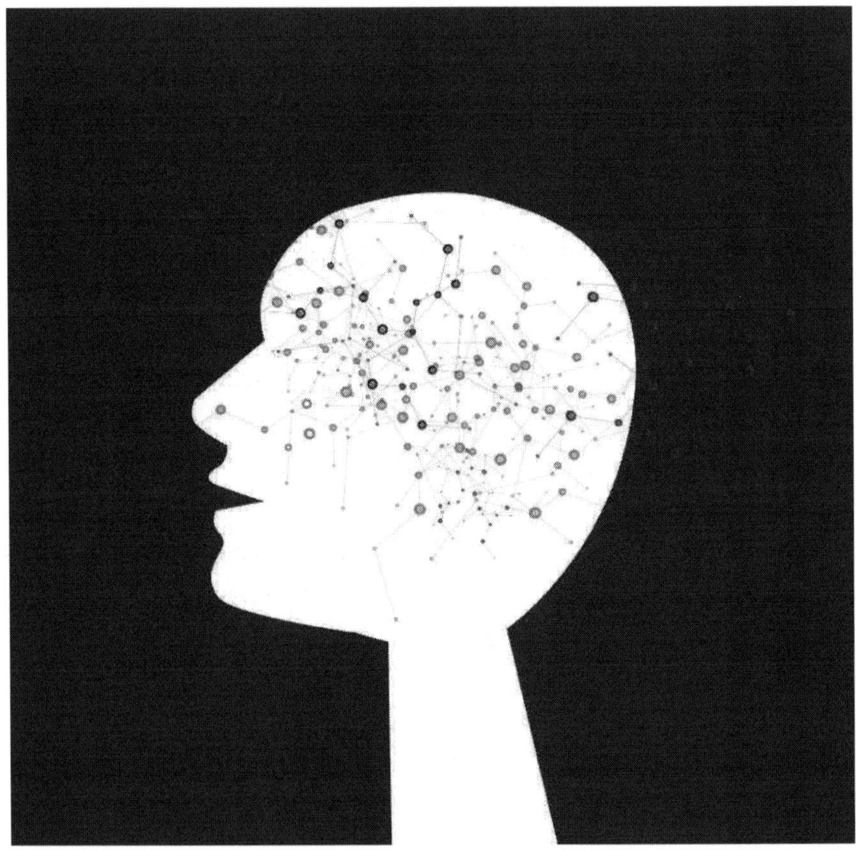

Manchmal ist es an der Zeit, einen Neuanfang zu wagen und all seine vorherigen Prinzipien zu überdenken. Festgefahrene Ansichten und Entscheidungen erschweren oft den Alltag und können einen Menschen regelrecht blockieren.

Dann gilt es Lösungen zu finden, um das Leben wieder in die richtigen Bahnen zu lenken. Damit ist aber nicht gemeint, sich über Fehlentscheidungen oder Fehler zu definieren, beziehungsweise deswegen das ganze bisherige Leben infrage zu stellen. Vielmehr geht es darum, den jetzigen Zustand anzunehmen, daraus zu lernen und seine eigenen Vorstellungen zu realisieren. Fehler müssen laut Kintsugi-Philosophie nicht versteckt oder ausgebessert werden. Sie dürfen Ihre Fehler wertschätzen und als Wegweiser betrachten, denn sie verhelfen Ihnen zu einer besseren Sichtweise. So sollen Sie sich auch gar nicht verstellen oder Ihre Rückschläge vor anderen Menschen verschweigen. Genau dieses Vorgehen trägt dazu bei, dass nicht nur Sie aus Fehlentscheidungen lernen können, sondern auch Ihre Mitmenschen. Haben Sie den Mut zu Ihrer Unvollkommenheit zu stehen, werden es Ihnen sicherlich einige Menschen gleichtun. Und wenn nicht, dann fühlen Sie sich wenigstens befreit und gestärkt, weil Sie sich nicht von anderen verbiegen lassen.

In diesem Kapitel werden Sie viele Anreize erhalten, die für die positive Gestaltung Ihres Lebens unverzichtbar sind. Von Bedeutung sind besonders zwischenmenschliche Kommunikation, Ihr soziales Umfeld, Ihr eigener Umgang im Alltag sowie eine allumfassende liebevolle Sicht auf die Welt. Bei all diesen Punkten können Sie einiges bewegen und selbst in stressbehafteten Zeiten neue Kräfte sammeln.

Nehmen Sie sich genügend Zeit für die Erschaffung neuer Gewohnheiten und setzen Sie sich dabei niemals unter Druck. Sie müssen niemandem etwas beweisen, auch nicht sich selbst. Lassen Sie die Vorstellung los, dass Sie selbst bei der persönlichen Weiterentwicklung perfekt vorgehen müssten. Dies ist ein Irrglaube, dem leider viele Menschen verfallen. Imperfektion ist liebenswert und authentisch. Und wenn Sie trotz aller Versuche noch nicht optimistisch genug sind, sich selbst verurteilen oder in Streitigkeiten verwickelt sind, geben Sie bitte nicht auf. Kein Mensch gleicht dem anderen und bei manchen Menschen dauert ein Entwicklungsprozess eben länger als bei anderen. Lernen Sie zu akzeptieren und alle Zwänge loszulassen. Das ist es, was Kintsugi zu vermitteln versucht.

Der Mensch ist einzigartig und sollte sich so annehmen, wie er ist.

MIT SPRACHE REALITÄT ERSCHAFFEN

Worte haben die Macht, Produktivität und Zufriedenheit zu fördern, weil sie großen Einfluss auf die eigene Wahrnehmung haben können. Psychologisch betrachtet ist es möglich, mit Sprache zu manipulieren, ob dies positiv oder negativ geschieht, ist erst einmal zweitrangig. Wichtig ist, dass Sprache ein praktisches Werkzeug darstellt, welches richtig eingesetzt, große Veränderungen im Leben eines Menschen hervorrufen kann.

Sie kommunizieren immer, auch mit sich selbst. Ihre Gedanken sind ein ewiger Fluss an Informationen, die Sie in Ihrem Handeln und Denken beeinflussen. Auch Ihre Gefühle und Emotionen zählen zur Sprache, welche Ihnen Aufschluss darüber geben kann, was Sie momentan wirklich bewegt. Sie können nach außen hin so tun, als ob es Ihnen blendend geht, aber innerlich werden Sie wissen, dass sich Ihre Gefühlswelt gerade in heller Aufregung befindet.

Das Thema Kommunikation ist sehr interessant, wenn man genauer betrachtet, wie sie wirken kann. Häufig wird im Alltag zu negativen Formulierungen gegriffen, die alles andere als verständlich sind. Man kennt es aus der Erziehung, wenn Eltern ihren Sprösslingen Floskeln wie „Du darfst das nicht", und „Das ist nicht richtig" vor die Füße werfen. Den Kindern sind Verneinungen anfangs völlig fremd und sie können nur das hören, was sie auch verstehen. Die Wörter „nicht" und „Nein" werden demnach herausgefiltert und es kommt zu Kommunikationsschwierigkeiten zwischen Eltern und Kindern. Negative Formulierungen suggerieren immer das Gefühl, etwas falsch gemacht zu haben. Es entsteht automatisch eine negative Grundstimmung, die mit positiver Sprache verhindert werden kann. Leider wird negative Sprache stark in unsere Alltagskommunikation eingebaut. Sie begleitet uns jeden Tag. Selbst in Ihren Gedanken wird sich die ein oder andere negative Formulierung finden lassen. Das Problem daran ist, dass Negativität in der Sprache auch negative Gefühle sowie pessimistisches Denken heraufbeschwören kann. Greifen Sie auf positive Sprache zurück, können Sie sich sogar in schwierigen Zeiten Mut zusprechen und neue Sichtweisen zulassen.

Positive Kommunikation ist lösungsorientiert und richtet den Fokus nicht auf das Problem an sich. Sie konzentriert sich eher darauf, Wege aufzuzeigen, um die Situation zu meistern. Wenn Sie sagen, was Sie möchten, wird Ihr Gegenüber und auch Sie selbst besser verstehen, was gemeint ist. Das Problem ist, dass wir Menschen immer dazu neigen, zu sagen, was wir nicht möchten. Unsere Mitmenschen wissen dann zwar, was wir nicht möchten, haben aber dennoch keine Ahnung, was wir ihnen damit sagen wollen. Es fehlt die Intention oder eine Alternativlösung, die sich mit positiver Sprache ganz leicht aufzeigen lässt.

Beispielsituation:
Sie fragen Ihren Chef, ob Sie heute ausnahmsweise früher nach Hause dürfen, weil Sie Ihre Arbeit schon erledigt haben.

Negative Sprache:
Ihr Chef antwortet: „Ich möchte nicht, dass Sie früher in den Feierabend gehen. Sie gehen auf keinen Fall früher“ Sie ärgern sich, weil Sie glauben, dass Ihnen Ihr Chef keine Freizeit gönnt.

Positive Sprache:
Ihr Chef antwortet: „Ich verstehe das sehr, aber ich brauche heute weiterhin Ihre Unterstützung. Es ist sehr viel zu tun“ Sie sind zwar enttäuscht, können die Beweggründe Ihres Chefs jedoch nachvollziehen. Trotz der Absage fühlen Sie sich wertgeschätzt.

Ertappen Sie sich oft dabei, negative Formulierungen zu verwenden, sollten Sie versuchen, diese in positive Sprache umzuwandeln. Sie werden bemerken, dass Sie in Ihrem Umfeld anders wahrgenommen werden und auch die Reaktionen, die Sie erhalten, werden positiver ausfallen. Positive Sprache ist vorteilhaft im Umgang mit anderen Menschen, verhilft Ihnen auch zu positivem Denken.

Sie finden schneller Lösungen und befassen sich ganz anders mit Herausforderungen, weil Sie diese weniger als Probleme ansehen. Somit kann positive Sprache auch das eigene Wohlbefinden verbessern, weil Sie sich verstärkt auf positive Impulse konzentrieren, die Sie zufriedener machen.

So nutzen Sie positive Sprache im Alltag

1) Gewöhnen Sie sich an, Wörter wie „nicht", „kein" oder „aber" aus Ihrem Wortschatz herauszustreichen. Ersetzen Sie diese durch positive Alternativen oder strukturieren Sie Ihre Sätze komplett um. Schon klingen Sie viel optimistischer und motivierter.

2) Vermeiden Sie leere Phrasen, die keinen Mehrwert darstellen. Sätze wie „Ich weiß nicht", oder „Schauen wir mal", sind nicht hilfreich. Bevor Sie etwas sagen, nur um zu antworten, überlegen Sie sich lieber eine Antwort mit sinnvollem Inhalt. Auch, wenn das eine kleine Gesprächspause bedeutet.

3) Negative Gedanken können Sie umformen, indem Sie überlegen, wie Ihnen diese Gedanken ein positives Gefühl verschaffen können.

Negatives Beispiel: „Ich werde das nie schaffen!"

Positives Beispiel: „Ich gebe mir Mühe und werde mich besonders anstrengen!" Letzteres klingt aufbauender und spornt Sie zu Höchstleistungen an.

4) Antworten Sie möglichst bei allen Gesprächen im positiven Sinne. Selbst, wenn Sie jemand mit negativem Gedankengut überschüttet, versuchen Sie die positiven Seiten des Gesprächs aufrechtzuerhalten. Wenn das nicht gelingt, beenden Sie solche sinnlosen Unterhaltungen lieber.

Es würde Sie zu viel Kraft kosten, Ihr Gegenüber vom Gegenteil zu überzeugen. Widmen Sie sich lieber positiven Gesprächspartnern, denn das hellt Ihre Stimmung schnell wieder auf.

5) Wenn Sie Kritik üben wollen, sei es über Sie selbst oder andere Menschen, bleiben Sie stets konstruktiv. Destruktive Äußerungen führen nie zum gewünschten Ergebnis und können sogar diffamierend wirken. Sprechen Sie Missstände sachlich an und bemühen Sie sich um deutliche Formulierungen. Vermeiden Sie Verallgemeinerungen und Verurteilungen der Person. Das Gleiche gilt auch für Sie selbst.

Negatives Beispiel: „Ich finde, du machst alles falsch. Nie kann man sich auf dich verlassen!"

Positives Beispiel: „Dir ist ein Fehler unterlaufen. Ich würde mich freuen, wenn du in Zukunft aufmerksamer bist."

6) Sprechen Sie achtsam mit sich selbst und anderen. Das fördert Ihr Selbstbewusstsein und lässt Sie souveräner wirken. Ein respektvoller Umgang ist wichtig, um Beziehungen zu fördern und aufrechtzuerhalten. Bevor Sie etwas Negatives sagen, halten Sie kurz inne und überdenken Sie Ihre Aussage. Fragen Sie sich, wie Ihr Gegenüber diese Aussage auffassen wird. Überlegen Sie auch, wie Sie selbst darauf reagieren würden. Schon wissen Sie, ob Sie Ihre Aussage lieber für sich behalten oder positiv umformulieren sollten.

KRAFTVOLLE ROUTINEN FÜR EIN ENERGETISCHES LEBEN

Wenn Sie etwas verändern möchten, müssen Sie zunächst Ihre jetzigen Routinen überdenken. Es gibt im Alltag viele Gewohnheiten, die eher Kraft kosten, als erfüllend sind. Sich an Fehlern aufzuhängen und nicht den gesamten Entwicklungsprozess wahrzunehmen ist beispielsweise eine Gewohnheit, die vielen Menschen mehr schadet, als hilft. Dabei sollten Fehler laut Kintsugi-Philosophie viel mehr mit Gold hervorgehoben werden, weil sie wichtige Fortschritte im Leben des Menschen darstellen. Doch die wenigsten Menschen sind sich dessen bewusst. Laut Kintsugi geht es im Leben auch darum, schlechte Gewohnheiten abzulegen und diese durch bessere zu ersetzen. Wie bei einer zerbrochenen Keramikschale, der ein paar Scherben fehlen. Man ersetzt diese Scherben mit glanzvolleren Scherben, die aus der Schale schließlich ein Gesamtkunstwerk machen. So kann man die Metapher auch beim Menschen anwenden, wenn es um seine Gewohnheiten geht. Ungesunde Gewohnheiten werden durch gesunde ersetzt und formen den Menschen zu einem individuellen Gesamtkunstwerk.

Gewohnheiten zu durchbrechen ist nicht leicht, besonders wenn diese über Jahre bestehen. Doch mit ein bisschen Geduld und Durchhaltevermögen, können neue Routinen etabliert werden, welche die Lebensqualität erheblich steigern können. Mit den folgenden Ideen können Sie für sich passende Routinen für ein kraftvolleres Leben zusammenstellen. Sie müssen nicht alle Routinen gleichzeitig ausprobieren, sondern sollten sich zunächst nur an einer versuchen. Sonst kann es passieren, dass Sie sich überfordert fühlen und Ihr Vorhaben wieder verwerfen.

Selbstliebe-Ritual

Nehmen Sie sich mindestens einmal am Tag fünf Minuten Zeit, um sich selbst liebevoll zu begegnen. Lächeln Sie sich morgens im Spiegel an und machen Sie sich ein ernstgemeintes Kompliment. Lernen Sie sich selbst wertzuschätzen und führen Sie jeden Tag ein Ritual durch, dass Ihnen ein gutes Gefühl verschafft. Schreiben Sie jeden Tag ein paar aufbauende Worte auf einen Zettel und nehmen diesen mit zur Arbeit. Das fördert Ihr Selbstbewusstsein und verbessert Ihre Selbstwahrnehmung.

Gesundheit

Ausgewogene Ernährung und Bewegung wirken sich positiv auf Ihre Gesundheit aus. Sie müssen nicht von heute auf morgen zum Spitzensportler mutieren oder sich nur noch von Salat ernähren. Bereits kleine Veränderungen besitzen eine große Wirkung und wenn Sie sich einen gesunden Vorsatz vornehmen, werden sicherlich noch weitere folgen. Sorgen Sie dafür, dass Sie beispielsweise jeden Tag genügend Wasser trinken oder verbringen Sie viel Zeit an der frischen Luft. Sie kurbeln so nicht nur Ihre Gesundheit an, sondern auch Ihre Glückshormone, weil Sie aktiv geworden sind.

Selbstentfaltung

Wenn Sie immer nur arbeiten und sich keine freie Zeit gönnen, werden Sie sich auf Dauer nicht ausgelastet fühlen. Halten Sie Ihr Leben in Balance, indem Sie sich Aktivitäten widmen, die Ihnen Spaß machen oder Sie geistig fördern. Lesen Sie in Ihrer Freizeit Bücher oder werden Sie künstlerisch tätig. Sie dürfen auch einfach die Wolken beobachten und über Ihr Leben sinnieren, wenn es Ihnen Entspannung verschafft. Wichtig ist, dass Sie diese Zeiten fest einplanen und nicht vernachlässigen.

Meditation

Regelmäßige Meditationen beruhigen und ordnen Ihren Geist. Reservieren Sie sich zehn Minuten am Tag, in denen Sie sich ungestört einer Meditation hingeben können. Gut geeignet sind Meditationen kurz vor dem Zubettgehen, um den Tag entsprechend ausklingen zu lassen. Aber auch kurze Meditationsübungen im Büro, im Zug oder auf dem Sofa daheim, schaffen Wohlfühlmomente, die Ihnen wieder Energie liefern.

Atemübungen

Integrieren Sie einmal am Tag eine kleine Atemübung in Ihren Alltag. Stellen Sie sich morgens an das geöffnete Fenster und atmen Sie die frische Luft ganz tief ein. Das gibt Ihnen einen Frischekick und hebt Ihre Laune sofort. In der Mittagspause können Sie zur Entspannung ebenfalls eine Atemübung anwenden. Atmen Sie tief durch die Nase ein und zählen Sie bis vier. Ihr Bauch sollte sich dabei spürbar heben. Bei der Ausatmung zählen Sie bis sechs und lassen Sie die Luft langsam aus Ihrem Mund herausfließen. Sich regelmäßig auf die Atmung zu konzentrieren, hilft dabei Stress abzubauen, dem Gehirn mehr Sauerstoff zuzuführen und wirkt sich positiv auf Ihr Herzkreislaufsystem aus. Ihr Körper wird leistungsfähiger und Sie gleichzeitig ausgeglichener.

Digital Detox

Legen Sie einmal pro Woche eine Medienpause ein. Schalten Sie alle technischen Geräte aus und konzentrieren Sie sich nur auf sich und Ihre Umgebung. Lassen Sie Social-Media für einen Tag ruhen, denn viel zu oft zieht Sie die digitale Welt in ihren Bann. Das Smartphone ist heutzutage ein ständiger Begleiter, kann gleichzeitig auch ein richtiger Störenfried sein, weil es Ihnen wertvolle Lebenszeit raubt. Es ist schnell gezückt und versorgt Sie immer und überall mit Informationen, die für Ihr Leben teilweise gar nicht relevant sind. Auch der Fernseher ist so ein Kandidat. Deshalb ist es besser, wenn Sie Ihren Medienkonsum nur noch auf bestimmte

Zeiten beschränken. Es ist befreiend, wenn Sie nicht mehr überall mit Informationen und Nachrichten konfrontiert werden. Zudem lassen Sie sich weniger von Ihrem eigenen Leben ablenken und können alle Facetten Ihres Daseins genießen. Was kümmert es Sie, wenn jemand in Guatemala einen Fisch gefangen hat? Oder jemand im Schwarzwald-Restaurant sein Essen fotografiert? Sie leben Ihr eigenes Leben und darauf sollten Sie viel mehr Ihr Augenmerk legen. Kümmern Sie sich um Ihre Mitmenschen, indem Sie nicht nur auf sozialen Plattformen kommunizieren. Verabreden Sie sich in der realen Welt und erfreuen Sie sich an inspirierenden Gesprächen mit Ihren Liebsten. Weniger digitaler Konsum heißt, mehr Leben im Hier und Jetzt.

NÄHRENDE BEZIEHUNGEN

Soziale Kontakte können das Leben bereichern und dafür sorgen, dass wir Menschen uns geliebt und gut aufgehoben fühlen. Zudem fördern diese Kontakte unsere geistige Weiterentwicklung, indem wir Werte sowie Ansichten anderer Menschen kennenlernen und diese, unseren Horizont erweitern. Die Interaktion mit anderen Menschen ist außerdem lebensnotwendig, weil wir Menschen soziale Wesen sind, welche nicht in völliger Isolation leben können, ohne psychische Auswirkungen davonzutragen.

Soziale Kontakte, und sei es nur auf oberflächlicher Ebene, helfen Menschen sich in der Welt zurechtzufinden. Je intensiver diese Kontakte ausfallen, desto besser.

Wenn sich Beziehungen festigen, fühlt sich der Mensch wohl und in seiner Gemeinschaft aufgenommen. Zusätzlich erhöht sich die seelische Widerstandskraft enorm, sobald Menschen eine Bezugsperson besitzen, der sie vollends vertrauen können. Man benötigt demnach keinen großen

Freundeskreis, um ein glückliches und zufriedenes Leben zu führen. Schon eine einzige Person genügt, um das Herz eines Menschen mit Liebe zu füllen. Es muss nur die richtige Person sein, mit der man durch dick und dünn gehen kann, und schon überwindet man selbst die schwierigsten Hürden im Leben.

Wenn Sie an Ihre Beziehungen und soziale Kontakte denken, gibt es sicherlich auch jemanden, dem Sie so einiges verdanken können und der Sie in Ihrem Leben immer unterstützt hat. Dieser Mensch ist Gold wert und Sie sollten auf jeden Fall dafür sorgen, dass Sie diese Beziehung wie eine kostbare Blume hegen und pflegen. Gegenseitiges Interesse und tiefe Verbundenheit sind Faktoren, die Sie stärken und auf jeder Ebene weiterbringen können. Auch die Zugehörigkeit zu einer Gemeinschaft kann sich positiv auf die Resilienz eines Menschen auswirken, wenn das Zusammenleben harmonisch und respektvoll gestaltet wird. Sind auch Sie gut vernetzt, können Sie sich glücklich schätzen, denn nicht jeder Mensch ist mit aufbauenden Kontakten gesegnet. Das sollten Sie sich immer vor Augen führen. Lernen Sie andere Menschen zu schätzen, besonders, wenn Ihnen diese Menschen schon oft beigestanden haben. Nährende Beziehungen können Ihre Lebensqualität deutlich steigern und Sie zu einem glücklichen und ausgeglichenen Menschen machen.

!

Vorteile nährender Beziehungen

- Sie können Sie selbst sein und müssen sich nicht verstellen.
- Es gibt keine destruktiven Überzeugungen und Erlebnisse, weil Sie mit Ihrem Gegenüber auf einer Wellenlänge sind.
- Ihre Persönlichkeit wird als wertvoll und einzigartig angesehen. Zudem werden Sie respektiert und wertgeschätzt.
- Ihre persönlichen Grenzen werden geachtet und Sie können Ihre Interessen ausleben, ohne verurteilt zu werden.
- Sie müssen sich nicht mit stressigen Beziehungen auseinandersetzen und dauernd nach Lösungen suchen. Die Leichtigkeit nährender Beziehungen verhilft Ihnen, glücklicher zu werden.

Manchmal ist es jedoch besser, wenn man auf bestimmte Beziehungen verzichtet. Etwa, wenn eine Beziehung von toxischer Natur ist oder es nie zu einem sinnvollen Miteinander kommt. Kraftraubende Kontakte können sich drastisch auf Ihren Gemütszustand auswirken und Ihre Laune herunterziehen. Menschen, die Sie ständig in Konflikte hineinziehen und nie dafür sorgen, dass Sie sich geliebt oder geachtet fühlen, sollten in Ihrem Leben nichts zu suchen haben. Leider ist es nicht immer möglich, alle toxischen Kontakte zu verhindern. Liebesbeziehungen und Freundschaften können Sie beenden, aber bei familiären Kontakten wird es schon wieder schwieriger. Auf Familienfeiern kann man sich nicht so leicht aus dem Weg gehen und muss zwangsweise doch ein paar Worte wechseln. Hier bleibt Ihnen nur bewusste Kontaktreduktion oder ein verändertes Verhalten im Umgang mit diesen Personen. Auch bei Kollegen oder Menschen, die Ihnen tagtäglich begegnen, müssen Sie versuchen sich möglichst verschlossen zu halten.

Das bietet diesen Menschen weniger Angriffsfläche und Sie selbst geben nicht mehr Informationen preis als nötig. Sich abzugrenzen und nicht auf Manipulationen sowie negative Äußerungen einzugehen, sind wohl die beste Taktik, um sich vor toxischen Menschen zu schützen. Von Zeit zu Zeit sollten Sie Ihre Kontakte überprüfen und sich darüber im Klaren sein, welche Menschen Sie zu Ihrem engeren Kreis zählen möchten und welche besser gnadenlos aussortiert werden sollten. Die Entscheidung, welche Person Sie emotional belastet, sollten Sie möglichst gut durchdenken. Es gibt in Beziehungen immer mal wieder Phasen, die schwierig und weniger harmonisch verlaufen. Was aber nicht heißen soll, dass Sie diese Menschen sofort aus Ihrem Leben streichen sollten. Oft kann auch eine Kontaktpause helfen, in der beide Parteien sich wieder regenerieren können. Danach sieht es meist wieder rosiger aus. Sie sollten Ihre sozialen Kontakte deshalb einer gründlichen Analyse unterziehen und überlegen, was genau Sie sich von Ihren Beziehungen und Kontakten wünschen. Wenn Sie sich über Ihre Vorstellungen im Klaren sind, wissen Sie auch, welche Menschen Ihnen guttun und welche Ihnen Energie rauben.

?

Fragen, die Sie sich über Ihre derzeitigen Beziehungen stellen können:

- Was erwarte ich von einer Beziehung oder einem sozialen Kontakt?
- Machen mich all meine Beziehungen glücklich?
- Welche Beziehungen stressen mich oder sind mir zu oberflächlich?
- Welche Aspekte sind mir in einer Beziehung wichtig? (Interessen, Gemeinsamkeiten, Ziele etc.)
- Auf welche Beziehungen kann ich verzichten? Welche sozialen Kontakte möchte ich reduzieren oder vielleicht sogar beenden?
- Welche Beziehungen sind mir besonders wichtig und wie kann ich diese weiterhin fördern?
- Wie kann ich toxischen Menschen in Zukunft begegnen, ohne mich selbst zu stressen?

Haben Sie Ihre Beziehungen überprüft und konnten Sie sich von Menschen trennen, die nicht förderlich für Ihre Gesundheit und Psyche waren, gilt es nun Ihr Augenmerk auf die Menschen zu legen, die Ihnen besonders am Herzen liegen. Diese Beziehungen sollten Sie mit größter Sorgfalt behandeln und sich darum kümmern, dass der Kontakt regelmäßig aufrechterhalten wird. Zu schnell lebt man sich auseinander oder verliert sich aus den Augen. Denn das Leben steht nie still und verändert sich stetig. Leider geschieht dies ebenfalls im Laufe des Lebens mit unseren sozialen Kontakten. Wenn Sie also einen Menschen in Ihrem Leben behalten wollen, sollten Sie alles dafür tun, dass Sie diesen Menschen nicht vernachlässigen. Dazu gehört nicht nur, dass Sie sich regelmäßig melden, sondern auch von sich aus Hilfe anbieten und diesem Menschen Ihre Zuneigung und Dankbarkeit zeigen. Beziehungen sind ein Geben und Nehmen und sollten niemals einseitig verlaufen. Zu leicht besteht sonst das Risiko, dass diese Beziehungen zerbrechen könnten.

Nährende Beziehungen aufbauen und pflegen

- Hören Sie zu und seien auch Sie für andere Menschen da. Nutzen Sie Ihr Gegenüber nicht nur als Kummerkasten, sondern kümmern Sie sich auch um seine Bedürfnisse.

- Zeigen Sie Interesse am Leben Ihres Gegenübers und urteilen Sie nicht über dessen Entscheidungen. Schließlich wissen Sie nicht, wie Sie gehandelt hätten, wenn Sie in einer ähnlichen Situation gewesen wären.

- Geben Sie keine ungebetenen Ratschläge und hüten Sie sich davor, Vergleiche zu Ihrem Leben anzustellen. Jeder Mensch hat andere Probleme und geht dementsprechend anders mit diesen um. Geben Sie nur Tipps, wenn Sie ausdrücklich danach gefragt werden.

- Konzentrieren Sie sich auf Menschen, denen Sie wirklich am Herzen liegen und die Ihnen nicht nur nach dem Mund reden. Nehmen Sie Kritik von aufrichtigen Menschen an und bedanken Sie sich auch dafür, dass Sie diesen Menschen wichtig sind. Beziehen Sie diese Menschen in Ihre Persönlichkeitsentwicklung mit ein und zeigen Sie ihnen, dass deren Meinung wichtig für Sie ist.

- Bestärken Sie Ihre Mitmenschen, indem Sie in schwierigen Zeiten tröstend zur Seite stehen. Auch, wenn Sie deren Ziele nicht teilen, sollten Sie Hilfe anbieten und deren Weg respektieren.

- Wann immer es geht, sollten Sie Dankbarkeit zum Ausdruck bringen und Ihre Mitmenschen niemals als selbstverständlich ansehen. Verschenken Sie deshalb ein Lächeln, und zeigen Sie Ihre Wertschätzung mit Worten, Gesten oder kleinen Geschenken, wenn es der Anlass zulässt.

- Halten Sie den Kontakt aufrecht und machen auch Sie den ersten Schritt, falls der Kontakt zwischen Ihnen kurzzeitig erloschen ist. Selbst nach Jahren können Sie sich wieder annähern und alte Freundschaften wieder aufleben lassen. Wenn Sympathien vorhanden sind, werden diese nicht so einfach verschwinden.

- Gehen Sie stets respektvoll mit Ihrem Gegenüber um, auch dann, wenn es zu Streitigkeiten kommt. Ganz wichtig ist auch, sich zu entschuldigen, wenn Sie einen Fehler gemacht haben. Außerdem sollten Sie versuchen Ihrem Gegenüber zu verzeihen, denn Ihre Freundschaft ist wichtiger als falscher Stolz.

IN DER LIEBE SEIN

Das eigene Herz für die Schönheit des Lebens zu öffnen, bedarf oft einer veränderten Einstellung. Negativität vollends loszulassen ist schwieriger, als man denkt, weil einen allein schon das eigene Umfeld regelmäßig damit belasten kann. Wie also soll man wohlwollend und hoffnungsvoll durch das Leben schreiten, wenn an jeder Ecke eine neue negative Herausforderung lauert?

Da ist morgens der nörgelnde Chef in der Firma, der mit sich selbst unzufrieden ist. Die Kollegen, die untereinander lästern und niemandem seinen Erfolg gönnen. In der Mittagspause herrscht beim Bäcker ein derart rauer Ton, dass sich kaum noch jemand traut zu fragen, ob es auch glutenfreie Brötchen gibt. Nach dem Job beschimpfen sich die Autofahrer im Stau und im Straßenverkehr kann nur überleben, wer mit Dreistigkeit punktet. Von Rücksichtnahme und Verständnis fehlt hier jede Spur. Beim Einkauf wird man von hektischen Menschen fast mit dem Einkaufswagen überfahren und zusätzlich noch mit einem vernichtenden Blick gestraft. Zu Hause angekommen möchte die eigene Mutter ihre Probleme haarklein am Telefon ausdiskutieren und in den Nachrichten erzählen sie auch nur wieder von Katastrophen und Kriminalfällen. Zückt man sein Smartphone wird man in den sozialen Netzwerken mit Hasstiraden über Prominente begrüßt und selbst, wenn man dann doch zu einer Zeitung greift, werden auch dort häufig Menschen an den Pranger gestellt.

Sie sehen, es ist gar nicht so leicht, einen liebevollen Blick auf sich und andere zu werfen, wenn um Sie herum scheinbar kaum jemand etwas mit Positivität zu tun haben möchte. Doch in Wahrheit sind all diese Menschen genau wie Sie auf der Suche nach Liebe und Glück. Die wenigsten können sich allerdings von alltäglichen Dingen abgrenzen und verlieren sich in Groll und negativen Verhaltensweisen. Das ist schade, denn wenn man erst einmal die Weiten des Herzens entdeckt hat, kann man sein Leben mit Liebe füllen und dieses danach ausrichten.

!

Warum ein wohlwollender Blick Ihr Leben verbessern kann:

- Sie wissen nicht, was andere Menschen schon durchgemacht haben oder mit welchen Sorgen sich diese tagtäglich herumschlagen müssen. Mit jedem Menschen können einmal die Pferde durchgehen und Sie sollten es deshalb niemanden übelnehmen, wenn er mal negatives Verhalten an den Tag legt. Das ist Ihnen sicherlich auch schon einmal passiert. Wenn andere Menschen Sie als verständnisvoll und empathisch wahrnehmen, werden sie sich Ihnen früher oder später öffnen.
- Ein veränderter Blickwinkel auf die Menschen um Sie herum, bringt mehr Wärme in Ihr Leben. Anstatt genervt und gestresst zu reagieren, hilft eine wohlwollende Haltung dabei, für andere Menschen da zu sein.
- Sie fühlen sich nicht verantwortlich für all das Übel in der Welt. Es gibt negative Energien, das steht außer Frage, aber diese Energien treten nun nicht mehr so leicht an Sie heran.
- Es macht Sie glücklich, wenn Sie Liebe schenken und auch empfangen können. Besonders berührend sind positive Reaktionen von Menschen, die vorher keine starke Verbindung zu Ihnen hatten. Durch Ihre wohlwollende Haltung kann sich dies zum Guten verändern.

- Sie machen sich weniger Sorgen und lernen alle Gegebenheiten zu akzeptieren. Auch in schwierigen Zeiten können Sie Kraft schöpfen und optimistisch bleiben.
- Eine wohlwollende Sicht auf das Leben schenkt Ihnen inneren Frieden.

Ein liebevolles Miteinander kann in vielerlei Hinsicht dazu beitragen, dass die Welt eine bessere wird. Dazu ist nur ein kleines bisschen Empathie nötig, mit der Sie Verständnis für andere Menschen und deren Situation aufbringen können. Gelänge es allen Menschen von jetzt auf gleich liebevoller miteinander umzugehen, würden so manche Konflikte gar nicht erst entstehen. Sie können dennoch viel bewirken, indem Sie jetzt damit anfangen, Ihren Blickwinkel zu verändern.

Tipps für einen liebevollen Umgang mit sich selbst und anderen:

- Akzeptieren Sie die Unvollkommenheit anderer Menschen und beschränken Sie sich nicht auf Perfektionismus. Seien Sie auf keinen Fall nachtragend, wenn jemand einen Fehler macht, und bleiben Sie stets hilfsbereit.
- Bringen Sie sich selbst Mitgefühl entgegen, wenn Sie schwierige Zeiten durchmachen und verlangen Sie von sich selbst keine Höchstleistungen.
- Gehen Sie achtsamer durch Ihr Leben und halten Sie inne, wenn es momentan nicht so richtig rund läuft. Registrieren Sie Ihre Gefühle, Emotionen sowie Bedürfnisse und richten Sie sich danach.
- Geben Sie schmerzlichen Erfahrungen Raum und Zeit, um verarbeitet werden zu können. Verlangen Sie keine vorschnellen Ergebnisse und sehen Sie in jedem Rückschlag eine Chance für Weiterentwicklung.
- Bleiben Sie anderen Menschen gegenüber stets freundlich und hilfsbereit. Vertreiben Sie negative Emotionen, indem Sie sich versuchen in andere Menschen hineinzufühlen. Schon werden Sie deren Reaktionen besser verstehen können.
- Legen Sie viel Wert auf Selbstfürsorge und lernen Sie sich selbst wieder lieben. Sie sind einzigartig und wertvoll. Nur, wenn Sie sich selbst lieben, können Sie auch Liebe aussenden.

Bonus

Kintsugi Handwerkskunst DIY

WUNDERSCHÖNE & EINZIGARTIGE KUNSTWERKE

Möchten auch Sie die japanische Kintsugi-Technik anwenden und aus Ihrem alten Porzellan neue Kunstwerke herstellen? Die wunderschönen Goldnarben verleihen Ihrem alten Keramikgeschirr ein unverwechselbares Aussehen. Ob Ihnen ein Teller zerbrochen ist oder Sie die alte Tasse Ihres Großvaters retten möchten, mit Kintsugi können Sie Porzellan und Keramikgegenstände ganz leicht reparieren und diesen Gegenständen wieder neues Leben einhauchen. Noch dazu wertet diese japanische Technik jeden zerbrechlichen Gegenstand auf und bezaubert durch die typischen goldenen Linien, die durch die aufgefüllten Bruchkanten entstehen.

Sie finden im Handel bereits fertig zusammengestellte Kintsugi-Sets, die allerdings auch ihren Preis haben. Mit der folgenden kostengünstigeren Variante können Sie Kintsugi selbst ausprobieren und wenn Sie Spaß daran haben, immer noch auf ein Profi-Set zurückgreifen. Bevor Sie allerdings mit „Gold reparieren", sollten Sie sich vorab über die Materialien informieren und die Schritt-für-Schritt-Anleitung studieren. Viel Spaß bei der Umsetzung!

WISSENSWERTES ZUR TECHNIK

Traditionell wird Kintsugi über mehrere Tage oder sogar Wochen gefertigt. Die Bruchkanten der Keramik werden in mehreren Schichten mit Goldlack, dem sogenannten **Urushi-Lack**, bestrichen und zwischendurch immer wieder angeraut. Oft werden auch andersfarbige Scherben eingesetzt, wenn das ursprüngliche Geschirr nicht mehr vollständig aufzufinden ist. Der Bearbeitungsprozess geschieht mit größter Sorgfalt und Ruhe, damit auch sich auch wirklich jede einzelne Narbe perfekt in das Gesamtbild einfügt. Die verästelten Narben werden auch **keshiki** genannt, was soviel beduetet wie Landschaft. Im weitesten Sinne erschafft Kintsugi neue Landschaften, wertschätzt aber auch die Geschichte jedes einzelnen

Kunstwerks. Die feinen Linien sorgen für eine vollkommen neue Ästhetik und sind bei keinem Steingut identisch, weil die Bruchstellen zufällig entstanden sind.

Der traditionelle Urushi-Lack wird aus dem Harz des Lackbaums gewonnen und schimmert leicht. Jedoch sollte er mit Vorsicht von Laien verwendet werden, da er allergische Reaktionen hervorrufen kann. Von daher sind Schutzhandschuhe ein absolutes Muss. Alternativ kann ein Lack auf synthetischer Basis genutzt werden, welcher optisch kaum einen Unterschied darstellt. Für den Hausgebrauch eignet sich auch Keramikkleber oder Epoxidharz. Wobei Letzteres auch nur mit entsprechenden Sicherheitsvorkehrungen verwendet werden sollte. In dieser Anleitung beschränken wir uns, deshalb auf eine sichere Methode. Wenn Sie auf synthetischen Lack zurückgreifen möchten, müssen Sie beachten, dass dieser nicht lebensmittelecht ist. Ihr Kintsugi-Kunstwerk eignet sich dann nur noch als Dekorationsobjekt. Wenn Sie Ihr Porzellan bei höheren Temperaturen spülen möchten, müssen Sie ebenfalls auf die Hitzebeständigkeit des Klebers achten. Urushi-Lack allerdings verträgt nur eine Behandlung mit mildem Spülmittel und lauwarmem Wasser. Im Handel gibt es mittlerweile lebensmittelechte Keramikkleber, die Sie dann mit ebenfalls lebensmittelechten Goldpigmenten vermischen können. Recherchieren Sie deshalb vorher, welcher Kleber für Ihr Projekt geeignet ist.

Benötigte Materialen

- zerbrochenes Keramikgeschirr
- Keramikkleber
- Schlagmetall-Flocken oder Blattgold-Flocken (aus dem Bastelgeschäft)
- Ein Pinsel
- Nagellackentferner oder Lösungsmittel
- Ein rauer Schwamm zur Nachbearbeitung

Legen Sie sich alle Materialien bereit, damit Sie sofort starten können und nicht zwischendrin aufhören müssen. Empfehlenswert sind auch Haushaltshandschuhe, um Ihre Haut vor den Scherben und dem Lösungsmittel zu schützen. Sie werden anfangs womöglich noch üben müssen und nicht sofort ansehnliche Ergebnisse erzielen. Aber bei Kintsugi geht es nicht um Perfektion, sondern darum, vorhandene Bruchstücke liebevoll wieder zusammenzusetzen. Mit etwas Übung werden auch Sie Ihre eigenen Kintsugi-Kunstwerke herstellen können.

SCHRITT-FÜR SCHRITT-ANLEITUNG

1) Säubern Sie zunächst alle Scherben von Staub und eventuell fettigen Rückständen. Trocknen Sie dann, die Scherben vorsichtig ab und achten Sie darauf, dass Sie sich nicht schneiden.
2) Legen Sie sich die Scherben in einer sinnvollen Reihenfolge zurecht. Wenn diese durcheinander liegen, haben Sie nachher keinen Überblick mehr und kleben womöglich noch falsche Stücke aneinander.
3) Mischen Sie den Kleber nach Belieben mit den Goldflocken und tragen diesen mit einem Pinsel auf Ihre erste Scherbe auf und fügen diese mit der nun folgenden Scherbe zusammen. Achten Sie besonders auf die Verarbeitungshinweise des Herstellers. Bei manchen Klebern müssen Sie diese eventuell ein paar Minuten antrocknen lassen und sogar noch eine zweite Schicht auftragen.
4) Fügen Sie nach und nach alle Bruchstücke wieder zusammen, bis Ihr Keramikgegenstand wieder vollständig zusammengesetzt ist. Lassen Sie ihn dann für einige Zeit gut durchtrocknen.
5) Klebereste entfernen Sie mit einem Schwamm, dem Sie etwas Lösungsmittel zugegeben haben. Reiben Sie vorsichtig mit der rauen Seite des Schwamms über die Bruchlinien, bis diese ebenmäßig glatt sind.
6) Ganz zum Schluss spülen Sie den reparierten Keramikgegenstand unter lauwarmem Wasser ab. Nun können Sie Ihr Kintsugi-Kunstwerk bestaunen.

Nachwort

Es ist ein unbeschreiblich befreiendes Gefühl, wenn man sich von allen Zwängen lossagen und sein Leben nach eigenen Regeln leben kann. Mit der japanischen Kintsugi-Philosophie gelingt dies bestimmt. Nachdem Sie dieses Buch gelesen haben, werden Sie sicherlich einige Ratschläge in die Tat umsetzen wollen um eine Änderung Ihrer Sichtweise zu erleben. Alltäglicher Stress, welcher Sie immens herausfordert, lässt kaum Platz für innere Einkehr oder Selbstfürsorge. Ein zu starker Fokus auf die Reduktion von Fehlern, hält Sie davon ab, Fehlentscheidungen als Chance für Ihre Weiterentwicklung anzusehen. Doch Sie können noch heute etwas dagegen tun.

Mit Kintsugi lernen Sie, Ihr Herz für Imperfektion zu öffnen und eine wohlwollende Sicht einzunehmen. Ganz besonders im Hinblick auf Sie selbst. Sie müssen nicht perfekt sein oder Ihre Schwächen hinter einer Fassade der angeblichen Perfektion verstecken. Perfektion ist eine Illusion, die Menschen in Ihren Köpfen fest verankert haben.

Wer Perfektion anstrebt, muss auch damit rechnen, dass er in anderen Bereichen Abstriche machen oder Lebensqualität einbüßen muss. Es lohnt sich also nicht akribisch zu sein, weil das Leben sowieso nicht planbar ist. Ein gelassener Umgang mit sich selbst und mehr Selbstliebe dagegen machen wirklich glücklich. Hoffentlich kann Ihnen dieser Ratgeber eine große Stütze sein und Ihnen wertvolle Impulse für Ihr Leben schenken. Des Weiteren können Sie hoffentlich Ihren Lebensweg gestärkt mit Optimismus und positiver Energie bestreiten. Ihre Zeit auf Erden ist kostbar und Negativität sollte darin keinen Platz mehr haben.